# 现代公共管理理论与实践研究

刘宁 著

西北工业大学出版社

西 安

【内容简介】 本书内容包括公共管理的认识、公共管理的内涵解析、公共组织的现代化发展与变革、现代公共部门人力资源的现代发展、公共管理活动的绩效评估、现代公共管理的方法与技术的现代化、现代公共管理的改革与发展以及公共服务现代化发展等 8 章。

本书可作为相关专业以及从事相关职业的人员参考。


图书在版编目（CIP）数据

现代公共管理理论与实践研究 / 刘宁著. 一 西安 : 西北工业大学出版社, 2021.5（2025.1 重印）

ISBN 978-7-5612-7732-4

Ⅰ. ①现… Ⅱ. ①刘… Ⅲ. ①公共管理一研究 Ⅳ. ①D035-0

中国版本图书馆 CIP 数据核字(2021)第 096438 号

XIANDAI GONGGONG GUANLI LILUN YU SHIJIAN YANJIU

现代公共管理理论与实践研究

责任编辑：付高明

责任校对：李 萌

出版发行：西北工业大学出版社

通信地址：西安市友谊西路 127 号 邮编：710072

电 话：（029）88493844 88491757

网 址：www.nwpup.com

印 刷 者：三河市悦鑫印务有限公司

开 本：710 mm×1 000 mm 1/16

印 张：13.25

字 数：210 千字

版 次：2022 年 1 月第 1 版 2025 年 1 月第 2 次印刷

定 价：79.00 元

# 前　言

公共管理学的发展可以上溯近百年的历史，它是在公共行政学的基础上发展起来的，是公共行政学进一步扩展的结果。虽然公共管理学保留了公共行政学的主要内容，但是，它与公共行政学已经有了很大的不同，最主要的是将第三部门或非营利公共组织的管理活动纳入研究范围，从经济学的角度来研究公共管理或政府管理的效率等问题。

公共管理学，是政府改革的产物。在中国，公共管理概念的提出，是伴随政府职能从经济管理为主转变为公共服务、经济调节、市场监管、社会管理而产生的。学习和研究公共管理学，重点就是学习和研究当代政府及非政府公共组织的管理和服务，掌握现代政府及其他公共组织的职责体系、组织结构、工作方式等。

作为公共管理视阈下的政府：第一，公共服务是一项最基本的职能。政府公共服务，就是要完善公共政策，健全公共服务体系，努力提高公共产品和服务，推进部分公共产品和服务的市场化进程，建立健全公共产品和服务的监管和绩效评估制度，简化程序，降低成本，讲求质量，提高效益；第二，其重要职能是宏观调控，就是要运用经济、法律手段和必要的行政手段，引导和调控经济运行，调整和优化经济结构，发展对外经济贸易和区域经济合作，实现经济增长、增加就业，稳定物价和国际收支平衡；第三，必须履行市场监管职能，就是要创造公平和可预见的市场环境，完善监管体系，建立健全社会信用体系，实行信用监督和失信惩戒制度，建设统一、开放、竞争、有序的现代市场体系；第四，必须加强社会管理职能，就是要完善社会管理政策和法律、法规，依法管理和规范社会组织、社会事务，妥善处理社会矛盾，维护社会秩序和社会稳定，促进社会公正；第五，作为公共管理的政府，必须坚持依法行政，就是要建设权责法定、执法严明、公开公正、廉洁高效、守法诚信的法治政府；第五，作为公共管理的政府，要坚持以人为本的理念。

我国从 20 世纪 80 年代开始对公共行政和公共管理进行研究。目前市面上的关于公共管理学方面的书籍虽然有不少创新之处，但是还没有形成一个大家所公认的完整的、统一的知识体系，可以说，它尚处在一个百花齐放的阶段。本书围绕公共管理这一核心领域，对公共管理的基础理论和基本内容进行了深入、系统地阐述。内容应当适时、贴切，并富有针对性。

本书共分为八章，其主要内容为：公共管理的认识，公共管理的内涵解析，公共组织的现代化发展与变革，现代公共部门人力资源的现代发展，公共管理活动的绩效评估，现代公共管理的方法与技术的现代化，现代公共管理的改革与发展，公共服务现代化发展。本书系重庆市教育科学规划课题“一流本科视阈下地方高校基层教学组织建设路径研究”（2020-GX-144）的研究成果，该课题正是在现代公共管理的理念下进行基层教学组织的改革与创新。

本书作者重庆人文科技学院管理学院公共管理系教师刘宁，在创作过程中，将作者近年来的公共管理学科教学实践成果融入其中，并收集和阅读了大量国内外相关资料，在此表示衷心的感谢。作者本着高度的工作热情和严谨的工作态度编写本书，但由于知识水平有限，书中难免有疏漏或不足之处，诚望专家和读者批评指正。

刘 宁

# 目　录

# 第一章　公共管理的认识

## 第一节　公共管理的概念

公共管理学作为一个相对独立的研究领域和学科，是在 20 世纪 70 年代以后逐步发展起来的。它以对传统公共行政学批判性继承、发展和超越的态势，回应了时代变迁对理论创新的要求。随着时代的发展，公共管理学以其巨大的理论和实用价值，正在成为一个新兴学科。

简单而言，公共管理学是针对公共管理这一实践活动所展开的理论研究。因此，要对作为一门学科形态的公共管理学进行深入理解，首先就要掌握公共管理的一般理论，而其中最重要的就是要准确认识公共管理的内涵以及特征。

### 一、公共管理的内涵

对于公共管理（Public Management）内涵的界定，当前理论界还没有形成共识，至少还没有一个能够广泛被接受且得到认可的概念。在研究和实践的过程中，对公共管理、公共行政和行政管理这些相近概念以及它们之间关系的争论一直不断，并形成了不同的看法和理解，从而导致公共管理在内涵界定上的模糊不清。因而，要准确理解公共管理的内涵，首要的任务在于厘清这些概念，把握它们之间的异同。

#### （一）公共管理与公共行政

无论是在英文还是在中文中，“管理（management）”和“行政（administration）”这两个词都是近义词。人们有时常常将两者混用，比如美国著名的管理学家赫伯特·西蒙（Herbert A. Simon）的《管理行为——管理组织决策过程的研究》（*Administrative Behavior*），在 Master of Public Administration（MPA）引入我国时，称之为公共管理专业硕士，亦将 Administration 翻译为“管理”；我国行政学界公认的学术权威夏书章教授在其主编的教材中也指出:“行政管理学又称行政学，或公共行政学，或公共管理学，或公共行政管理学。”其中“行政”和“管理”也是通用的。可见，虽然当前国内对于将 Public administration 译为“公共行政”和将 Public management 译为“公共管理”的译法上，基本取得了一致看法，但并不排除在某些条件下两者的互换使用。在西方理论界，同样也存在这样的情况。西方坚持传统范式的学者认为公共管理完全等同于公共行政，代表人物就是罗森布罗姆。他在《公共行政学：管理、政治和法律的途径》一书中认为：公共行政是管理的、政治的和法律的理论的应用和为全社会或社会的一部分履行规制和服务职能而执行立法的和司法的政府法令的过程。这是一种相当广泛的定义，涵盖了所有的公共部门及其管理活动，这与公共管理学派所理解的“公共管理”没有实质上的不同。

但通过对“行政”和“管理”进行详细的语义分析，我们发现这两个概念的内在差别还是比较明显的。Administration 源于拉丁文 Adminiatrare，是一个出现得比较早、词义丰富的概念。《牛津英语词典》对行政一词的解释是：一种行政的活动，这种活动又被解释为处理事务、指导或监督执行、运用或引导；在我国的通用译法主要有：第一，管理、经营；第二，行政、行政机关、局（或署、处等）、政府；第三，（行政官员或机关的）任职期；第四，（军）后方勤务；第五，执行等；在我国的释义为：第一，行使国家权力的机构；第二，指机关、企业、团体等内部的管理工作。对于管理而言，《牛津英语词典》的解释为：管理是通过自己的行动引导、控制事务的过程，照看或看管。《韦伯斯特词典》对管理的解释则更细致，定义为管理的行动或艺术、引导或监督商业一类的事务，特别是指商业活动项目中的计划、组织、协调、指导、控制等执行功能，以对结果负责，为达到目的而明智地使用各种手段。在我国的释义为主持或负责某项工作、经营、料理、约束、照管。从中可见，“行政”一词虽然也有管理的内容，但是多针对行政机构的活动；“管理”则是就一般管理而言，对管理的主体形式没有特别的限定；另外，行政多局限在行政机构的内部活动，而管理的活动内容则比较宽泛。从而，管理活动的边界要大于行政活动的边界，行政只是管理的一种特殊表现形式。基于以上行政和管理含义的不同，加上“公共”一词后的公共行政和公共管理也应有所不同。就公共管理而言，虽然管理活动带了“公共性”，但是与公共行政相比，它关注的范围依然要大于公共行政的视野，它不仅包括对公共部门自身的管理，而且还包括外部管理，以便更好地向社会提供公共产品和公共服务。这使得公共管理在管理内容、管理模式、管理方法和目标取向上都将有别于公共行政。

从理论发展的角度来看，公共管理与公共行政的内涵也是不同的。自威尔逊以来，公共行政一直是政府公共部门管理的主要形式。总的来看，它建立在政治与行政二分论和韦伯的官僚治理论这两大基本框架之下。威尔逊的政治—行政二分理论奠定了传统公共行政的理论基础，而韦伯的官僚制则进一步解决了政治—行政二分理论的应用难题，从而保证了以规则为基础的非人格化的管理制度的实现。官僚制理论强调法制条件下的层级制组织结构模式，重视机关内部的规范化管理；官员职位强调职业化、专业培训和新式忠诚，官员的个人职位是由传统的等级制加以保证，由上级任命、终身任职，实行定额薪金等。传统公共行政模式适应了工业社会的管理要求，在历史上取得了很大的成功。但随着时代的发展，这种模式开始暴露出自身的局限性。在经济全球化、政治民主化和技术革命的大趋势下，传统公共行政的组织形式由于过度封闭，与外部环境缺乏有机的联系和沟通，开始变得僵化，既缺乏对公共利益的关注，同时也出现机构臃肿、效率低下的现象。因而，传统公共行政逐渐受到广泛的批评与质疑。20 世纪 70 年代末被称为席卷全球的行政改革浪潮理论基础的新公共管理，构成了对公共行政特别是传统的行政理论的极大冲击。一种新的公共部门管理模式——公共管理成为新的有效的公共部门管理理念。与公共行政相比，它的突出特点可以归纳为：第一，从管理理念来看，政府由单纯注重效率，发展到效率、效益以及社会公正、平等并重，并把提高管理与服务的社会效益，保持公共管理的公正、平等放到了突出的位置，强调公共部门的责任感，甚至将其放在有时可以决定公共事务管理效果的重要地位；第二，在管理方式上，公共管理意味着打破传统的公共服务提供形式，更多地引入市场机制，用企业精神改造政府管理，并通过授权、委托、代理等方式，不断探索实行公私合作的新途径，同时还把管理主体扩大到非政府公共机构领域，实施政府与社会力量互动的治理模式；第三，从管理过程来看，由过去更多地关注管理过程，发展为更多地关注管理的结果，并把投入、产出、成本、效益等重要概念引入公共部门的管理之中，追求 3E（economy，efficiency，effectiveness，经济、效率和效果）的统一。可见，这场带有强烈的市场化取向和管理主义色彩的改革运动的确把传统的公共行政理论向前推进了一步。

基于以上分析，不难发现，公共管理和公共行政这两个概念虽然都意指公共部门的管理活动，但是它们之间有着本质的区别，公共管理在理论基础、管理主体、管理理念和管理方式上都发生了重大改变。

### （二）公共管理与行政管理

关于公共管理与行政管理之间关系的争论，其实与我国对 public administration 的最早译法直接相关。20 世纪 80 年代，我国的行政学研究带有明显的政治取向和政治色彩，从而我国学者将 public administration 翻译为行政管理，而将大写的 Public Administration 翻译为行政管理学（简称行政学），高校的相关教学研究机构也被称之为“行政管理系”，用于突出我国当时行政管理的阶级属性。20 世纪 90 年代后期，研究行政学的政治敏锐性逐渐淡化，根据我国公共部门管理的新特点，public administration 开始恢复本来词义，公共行政这一称谓开始流行。然而，先入为主的行政管理仍然占据主流地位，大学的学科设置、社会上的学会名称以及相关的教科书都还保留着行政管理的字样，公共行政还没有完全取代行政管理，公共行政学和行政管理学其实只是一个学科的两种叫法而已。然而随着时间的推移，人们思想逐渐解放，理论研究不断推陈出新，行政管理逐渐被公共管理所代替。

通过以上对公共管理与公共行政、行政管理的比较，结合公共管理本身的特点，所谓公共管理，是以政府为核心的公共组织和其他社会组织以及公民为推进社会整体协调发展、增进社会的公共利益，运用公共权力，通过观念和手段的不断创新，对日益复杂的公共事务及组织自身进行管理和优化的活动。

## 二、公共管理的基本特征

通过以上对公共管理内涵的研究，我们已经不难发现公共管理的特征，具体可以归结为如下几方面。

### （一）公共管理的公共性

公共管理的公共性主要包含两层含义。

#### 1．利益取向的公共性

在公共管理过程中，公共组织要以其所提供的公共物品和公共服务去推进、实现和维护公共利益的最大化。这样的公共利益是指所有公民的共同利益，既包括所有公民共同的根本利益和长远利益，也包括每一个公民个体的合法利益诉求，但不是指向任何一个特定的阶层或群体。强化公共利益的重要性是公共管理与传统公共行政的本质区别所在。虽然传统公共行政也标榜公共利益，但是更多时候，这里公共利益强调的只是维护统治阶级利益的需要，往往只是挂在口头的政治标语。而公共管理将公共利益放在了突出位置，并采取多种形式保障其能够有效实现，从而更具有现实性。

#### 2．公共参与性

随着政治民主化的发展，公民社会开始逐渐成长起来，社会组织及公众的权利意识、民主意识和法治意识不断增强，为了更好地维护自身的合法利益，他们越来越多地要求参与到公共管理之中。这既能使社会组织和公众能充分发挥对政府管理的监督和制约作用，保障政府管理的公正性和高效性，而且也能参与到公共管理之中，通过与政府的合作共治，又能提高管理的水平。鉴于此，在公共管理过程中，政府不再是唯一的主体，而是还包括政府之外的其他公共组织、私人组织以及公民。

### （二）公共管理的效能性

与传统公共行政关注管理过程和管理程序相比，公共管理更多地将视线放在了结果的取得上，强调投入要素和实际产出之间的对比关系。因而，公共管理提倡效能建设，公共部门在管理目标的实现上必须追求包括经济、效率和效果在内的多元价值的有机统一。为此，公共管理不仅通过规范化的制度建设和科学化的技术创新促进公共管理效能的提升，而且还强调公共管理中，通过人力资源管理对人这一不确定因施加影响，不断提高管理能力。

**（三）公共管理的回应性**

随着现代化的发展，社会的公共需求日益增长，公众期望以政府为核心的公共组织能够通过公共产品和公共服务的供给不断满足其需要；同时，社会所面临的公共事务问题以及各种矛盾冲突也变得更加尖锐复杂。这就要求公共组织不断加强与社会的沟通和交流，准确了解公众需要并查明所存在的社会问题，进而采取相应的措施加以解决。只有这样，才能保障社会和谐发展和公共部门的合法性。可以说，公共管理过程也是一个与社会互动的过程，这是公共部门以人为本、重视公众利益的具体体现。对于政府组织而言，它不再是传统公共行政中的封闭体系，而是具有高度开放特征的开放体系。政府既要提供有效的制度平台和渠道，让公众能够及时地向政府反映问题，同时政府也要对公众的需要做出迅速反馈。

**（四）公共管理手段的多样性和创新性**

公共管理非常注重管理技术和方法的研究和创新，这是由管理对象的复杂性所决定的。一方面，由于公共管理过程中许多新的问题和矛盾的出现需要采取相应的措施加以解决；另一方面，公共组织要实现自身的优化管理，也要不断开发新的技术和手段。20 世纪 80 年代以后，西方发达国家在公共管理技术上获得了巨大发展。公共管理过程中开始逐步引入私人部门的管理经验和做法，以改进自身的管理水平。既采用了资源与支出控制的技术，也使用了用于保证个人和团体绩效的技术。其中，财政管理、战略管理、决策技术、目标管理、全面质量管理、系统分析方法等都为公共管理效能的提升提供了新的思考和行动方式。同时，每个国家根据自身的国家性质、政治体制和所处发展阶段的不同，还不断创新符合国家具体实际的管理手段和方式。

**（五）公共管理的法治性**

法治在公共管理中体现为严格遵守规则的精神。以政府为核心的公共组织之间要实行对社会事务的合作共治只能建立在法治的基础之上。如果缺少相应的法律保障，就难以规范多元主体之间的行为。政府作为公共权力的拥有者，如果缺少相应的法律制约，随时都有滥用职权的可能性；同样，如果其他公共组织和公民缺少来自于法律的约束，也容易导致不履行相应责任和义务现象的发生。如果这样，公共利益就很难得以保障。因而，实行法治是公共管理的必然要求和必然趋势。

## 第二节　公共管理的理论沿革

公共管理学作为一个相对独立的研究领域或学科，其理论演进的历史分期，根据时间的发展及研究方法的不同可分为以下几个阶段，古典管理理论时期、行为科学兴起后时期、公共管理多元化时期、公共管理价值取向改变后时期以及公共管理思路创新时期，在这个过程中涌现出各种各样的学术流派。

### 一、古典管理理论时期

古典管理理论将政治与行政分开，提出了政治行政二分法。该理论的代表人物有威尔逊和古德诺。威尔逊否定了关于国家权力的三权分立的观点，认为议会和行政部门是国家权力的掌控者，一个良好的政府应该由优秀的政务官团队和文官团队共同组成，这是构成政府的支柱。古德诺的观点认为，行政与政治是有明显区分的，政治问题不应该成为行政学的关注点，政府的行政效率、方法和技术才是行政学应该研究的对象。由此，公共行政真正成为一门独立学科为人们所研究。在此之后的一段时间，出现了科学管理学派、行政管理学派和官僚制度学派等，推动着公共行政学的发展。

#### （一）科学管理学派

科学管理学派主要关注如何在公共行政领域找到一系列行之有效的方法和技术来提升行政效率。这一学派的代表人物包括弗雷德里克·温斯洛·泰勒、弗兰克·邦克·吉尔布雷斯和莉莲·吉尔布雷斯等人。泰勒于1911年在《科学管理原则》中指出，科学管理原则普遍适用于各种人类活动，提出了以共同利益为基础的科学管理原则，被誉为“科学管理之父”。吉尔布雷斯夫妇提出了效率管理思想，其核心是对人的研究，强调人在组织发展中的关键作用；他们还对特定生产任务的合理时间和具有最高效率的动作标准进行了研究；莉莲在对管理进行研究过程中还发现人的心理对其工作产生的重要影响，强调将人际关系纳入管理因素之中。这一学派的重要观点对公共行政学的影响不可忽视，其提出的科学管理原则具有普适性，对公共行政发展提供了重要借鉴；其提倡的技术化和专业化可以提高管理效率，这在行政管理中也有相当的应用空间；该学派注重效率的提升也使得公共行政的发展必须将效率问题始终作为核心问题之一加以关注。

**（二）行政管理学派**

行政管理学派关注于将科学管理的原则和方法应用于实践之中，以较高的管理层级作为研究视角，力求建立一套具有普适性的管理准则。该学派的代表人物包括亨利·法约尔、卢瑟·哈尔西·古立克、林德尔·福恩斯·厄威克等人。法约尔认为管理应当形成一套理论供人们遵循和学习，因为管理行为本身非常重要，而且管理也是可以教授的。基于此，他提出了 14 项一般管理原则和管理的 5 大职能，并认为从管理职能的角度上说，行政管理同企业管理一样，都应当具备这 5 大职能，才能保证管理的有效性。古立克认为政府与企业有明显的不同，“适者生存”在政府行政管理中并不存在，因而政府具有垄断性；行政和政治不可能完全分开；明确了组织分工与协调在行政管理中的重要性；提出了具有普适性的 7 项管理职能。厄威克提出了具有普适性的 8 条组织原则，以科学调查为基础进行组织设计，对已有管理理论进行了整合。该学派在吸取前人研究成果的基础上提出了普适性的管理原则和理论，并开始将公共行政作为一个明确的研究方向，增强了理论研究的实践性和应用性。

**（三）官僚制度学派**

官僚制度学派从组织结构的角度研究管理问题，提出了以官僚模型为代表的组织理论，以求为行政管理提供可以遵循的科学规律和准则。该学派的代表人物包括马克斯·韦伯、路德维希·冯·米塞斯、罗伯特·金·默顿等人。韦伯系统地构建了官僚制度模型，被称为“组织理论之父”。该模型以“理性—合法型”权威为建立基础，以专业化、层级化、规则化、非人格化、技术化和明确的方向为特征，包含 7 大要素，以此来保证组织行政的稳定、有效、可靠和准确。米塞斯对官僚制度模型的理解更为理性和辩证，他认为该模型与民主精神并不相违背，是一种适用于各种类型组织的工具。但对其也不应抱有过多期望，官僚制度模型的应用范围一旦过大，则会产生负面结果。默顿也认为官僚制度可以提升效率，但也具有明显的反功能。该学派的观点具有辩证性，不同学者对于官僚制度的认知有着不同的理解，但从总体上看，官僚制度模型仍是这一学派的主体观点。该观点对于公共行政实践产生了深远的影响，有助于提升公共行政效率，但其使用的局限性也是很明显的，比如针对不具有正式组织结构的组织管理，这一模型就很难适用；而且这一模型对个体需求的回应性不强，在实践中也会影响其效果。

## 二、行为科学兴起后时期

1929—1933 年，传统的公共行政学派理论受到强烈冲击，动摇了人们对自由市场经济的信心，凯恩斯主义开始被人们认识，行为科学产生。行为科学兴起之后到公共管理多元化之前，产生了以下 3 个学派，即行为科学学派、社会系统学派和理性决策理论学派。

### （一）行为科学学派

行为科学学派关注于人的行为及其产生原因，是在人际关系学说的基础上发展起来的。主要的代表人物有亚伯拉罕・马斯洛、弗雷德里克・赫茨伯格和道格拉斯・麦格雷戈。他们共同关注于人的行为产生的动因，从心理学和社会学的角度审视个人和组织的需求、行为以及管理方式。人在管理中的地位得到了凸显，他们不仅仅是“经济人”，同时也是参与社会生活、产生社会需求、寻求社会回报、具有能动性的“社会人”，人的因素成了管理中最为重要的因素。因此，该学派所坚持和主张的管理观点也与之前的学派有着明显的不同，这主要体现在两个方面：一是管理方法上更为强调人性化，充分尊重人的因素，注重人的需求、情感和行为的内在动因，而不再像传统的管理理论中所坚持的那样只是将人看作简单的机器，通过施加外在压力而忽视人的关系、情感、能动性和创造力，将压力作为人行为的唯一动力；二是管理对象上人的地位得到了显著提升，过去的管理理论由于较少将人作为主要的因素来考虑，因而会较多地关注于对事务的管理，以此为基础，更多标准化、规范化、工具化的思想就会体现在管理行为当中，在这一过程中人的能动性被严重忽视，管理行为不利于激发和利用人的积极性，而在该学派的观点中，人的行为及其内在动因由于人这一因素地位的上升而成为管理的主要关注点，这就为通过管理来激发人的能动性和创造力提供了外在条件和可能。

**（二）社会系统学派**

社会系统学派从社会学的角度研究管理，将个人与组织联系起来，通过强调组织中人际关系的作用以及个人与组织多层面、立体式的协调关系来建立有效的组织运转体系。该学派的代表人物是切斯特·巴纳德。他从组织理论的视角阐述对管理的看法，认为组织变革对社会发展具有十分重要的意义。与此同时，组织的运作不仅需要正式组织的存在，还需要非正式组织的存在，两者在实践中只有相辅相成才能够保证组织的正常运转。管理既然必须兼顾人际关系和个人与组织的关系，那么这一过程中的效率和效能至关重要。巴纳德通过提出这两个概念，成功地把个人动机与组织效果联系在一起，认为只有个人对组织目标的认同度越大，同时在实现目标过程中获得的满足感越强，才越有助于好的组织绩效的出现。在其所倡导的组织协作系统中，要想成功地将组织与个人联系起来，形成有机统一的整体，权威这一要素成了必需，巴纳德通过提出权威接受理论，阐述了如何形成有效的权威来引导组织作为一个整体运转。此外，与其他学派显著不同的是，巴纳德还从组织要素的视角提出了管理的职能，有别于传统意义上通过对管理过程的分析提出管理职能的做法。

**（三）理性决策理论学派**

理性决策理论学派以社会系统理论作为基础，以组织决策作为研究的中心，将管理内容划分为决策制定和决策执行两大部分，并以决策制定作为关注重点进行研究。该学派的代表人物是赫伯特·西蒙。在他看来，在组织管理中，决策的出现有一个最为核心的基础叫作“有限理性”，他以“行政人”作为研究的基本假设，即人们在做行政决策时不同于“经济人”追求最优选择，而是力求做出“满意”而不一定是最优的选择。围绕组织决策是管理核心的立场和出发点，西蒙将决策任务分为 3 个方面，即寻求备选策略，将这些策略可能产生的结果进行估计，对不同策略估计出的结果进行比较。在此基础上，将决策划分为情报、设计、选择和评审 4 个阶段进行最终策略的制定。西蒙也从决策的角度进行组织设计，围绕组织如何影响决策这一问题，提出了 5 个组织发挥影响力的渠道与机制，在提出组织均衡的概念基础上，他认为组织设计应遵循可以处理决策分解问题和为更好地完成决策而服务这两大要求。该学派将管理过程作为研究和分析的对象，对管理学的发展是一种丰富，但其缺点也相对较为明显：一是关注面相对较小，只关注于管理决策的制定并不能解决管理中存在的所有问题，因为管理是一项综合性的复杂行为，而不仅仅是管理决策的制定；二是这里的决策概念较为模糊，并没有将组织决策与个人决策做出区分。在实践中，个人决策是实实在在存在的，但是这些决策并不与管理，或者说并不直接与管理相联系，而对这些决策的研究显然与管理并没有太大关系。

## 三、公共管理多元化时期

孔茨在其 1961 年发表的《管理学会杂志》中提出的管理理论丛林理论认为，管理理论呈现出一种杂乱无章的状态，在价值追求和价值标准方面整体上并没有相对清晰的方向。这种混乱状态给管理领域的学术研究和实务操作带来了负面影响，不利于研究的展开和管理工作实践的进行。自此，人们开始寻求一个新的基点，将已存在的管理理论加以整合以求明确管理价值标准和方向，在这样的背景下，系统管理学派和行政生态学派应运而生。

### （一）系统管理学派

系统管理学派发展于一般系统论的基础之上，一般系统理论在 1968 年 L. V. 贝塔朗菲的《一般系统理论——基础、发展和应用》一书中得到了较为全面和清晰的阐释。该理论认为由若干要素有机地组成了具有特定功能的系统，这些要素相互联系、相互作用、相互影响。系统在建立之后并不是一个封闭的整体，其通过不断与外界进行物质和能量的交换而维持一种稳定的状态。西方学者在工商管理领域对这一理论加以运用，因而形成了系统管理学派。该学派的主要观点是从系统的角度分析出构成系统的各种要素，并以这些要素作为管理的关注点，进而实现对整个组织的管理。该学派的代表人物有 L. V. 贝塔朗菲、塔尔科特·帕森斯、弗莱蒙特·卡斯特和詹姆斯·罗森茨韦克等人。贝塔朗菲对系统的含义及其特征进行了明晰的阐述，帕森斯将社会行动看成是一个系统，并将其分解为多个子系统，在此基础上提出了“结构—功能理论”并应用到社会管理之中。卡斯特和罗森茨韦克更为明确地将系统论运用到管理实践中，提出了组织的系统分析模型。在该模型中，他们认为企业就是一个由各种要素构成的有机系统，管理企业可以视作对这个有机系统的管理，这些要素都会对企业的发展产生不可忽视的影响。其中，人这一要素具有能动性，占据主要位置，其他要素则都具有被动性。企业自身既是一个系统，也是一个子系统。从企业的角度来看，它是一个由多个子系统构成的系统。这些子系统包括目标和准则子系统、技术子系统、社会心理子系统、组织结构子系统和外界因素子系统等，而这些子系统还可以进一步细分，这其中任何一个子系统的变化都会对企业这个大系统产生影响；从社会的角度来说，企业又是社会的子系统，它与社会之间存在着相互影响。他们认为，将管理对象整合为一个有机系统并从系统的角度对管理对象进行管理有利于提升管理效率，具有更强的目标导向性，不会让管理者在大大小小的管理事务中迷失组织的整体方向，也有利于管理者明确自身定位。

该学派给管理理论的发展提供了一种新的思路和角度，将管理对象视为一个有机系统，强调管理的整体性，在明确组织目标、提升管理效率方面具有明显的优势；与此同时，他们所倡导的系统开放性以及对子系统的划分和强调系统要素之间的关联性也对管理实践的有效开展具有重要意义；但该学派试图用一般的系统论观点来解决管理中所面临的所有问题，显然对管理行为的复杂性还缺乏准确的判断，这种寻求普适性做法来解决复杂性问题的尝试也有可能会使该学派的研究成果在实践中难以奏效。

**（二）行政生态学派**

行政生态学派在某种程度上是对系统管理学派的延伸和应用。该学派将行政看作是一个系统，研究其与外部环境之间的相互关系与相互作用，在这一过程中，该学派借鉴了生态学中研究生命个体与其生存环境之间相互作用与相互关系的方法，运用模拟来研究行政生态系统。该学派的代表人物包括约翰·高斯、里格斯等人。他们关注于政府与其生存的社会环境之间的相互关系与相互作用，研究各个国家和地区的社会文化和历史对当地行政系统产生的影响以及当地政府管理如何通过引导和管理社会发展来实现对社会的反作用。在这一过程中，他们认为在生态学中，任何有生命的个体都不能离开其生活环境，也不能不与其生存环境进行物质交流而完全孤立地生存，这一规律对于行政生态系统依然适用。高斯以政府与社会关系的角度作为着力点，提出了政府生态学的 7 条公理。里格斯则关注于提炼出行政生态环境中的相关要素，并研究这些要素与行政主体之间的相互关系。在分析行政经济环境的基础上，他提出了 3 种行政模式。与此同时，里格斯以一般系统理论为基础发展了比较行政学，它可以说是行政生态学发展的一个必然方向，强调行政管理必须存在于特定的文化和历史环境之中，因而普适性的行政原则并不存在。

行政生态学派在推动行政管理发展中最突出的特点和贡献在于在行政管理领域引入了生态学的思维和研究方法，更加注重管理的整体性，摆脱了以往管理理论过多关注于管理的抽象原则、细节技术和微观视野的局限性，从更加宏观的角度探讨管理的重要性和方法。

## 四、公共管理价值取向改变后时期

20 世纪 60 年代末 70 年代初，西方社会中出现了一系列问题，在政治、经济和社会生活等领域爆发了危机，政府的社会管理面临着严峻的挑战。危机催生变革，在混乱而不稳定的社会环境下，政府改革的声音开始出现，而行政学界对于这一问题的回应比较积极，他们开始摆脱传统公共行政理论的思维束缚，不断检视和挑战传统公共行政理论的各种观点，力求找到全新的视角和追求更为理性科学的价值标尺来推动和革新公共行政实践，探究公共行政当时以及未来的发展。在这一过程中，形成了新的公共行政学派。

## （一）新公共行政学派

新公共行政学派认为20世纪60年代末70年代初以前形成的公共行政理论属于传统的公共行政理论，而新公共行政理论以现象学、解释学、本土方法论、符号互动论以及批判理论等为工具，以“公共”的概念作为研究重点，开始于这个时期。该学派与传统的公共行政学派的一个显著的不同点在于该学派将特定的价值观融入行政管理之中，或者说他们认为行政管理不应当是价值中立的，公共行政的公共属性需要其将正义、自由、民主等价值理念贯彻到公共行政的实践之中，使公共行政摆脱刻板抽象的科学实证主义属性而回归其本应具有的人文价值属性。该学派的代表人物包括德怀特·沃尔多、乔治·弗雷特里克森等人。他们对传统的“政治—行政”二分法和以追求效率为核心价值的传统公共行政理论进行了批判，认为公共管理应当因地制宜，随着环境的变化而有不断做出调整的能力，在秉持公平价值观的前提下，要用开放性的思维强化组织形态的创新，以服务对象为中心展开管理。该学派对于推动公共行政管理迈向新的阶段做出了显著贡献。他们以更具人文精神的公平、民主等价值观取代了传统理论中效率至上的公共行政，使其本质属性得到彰显。与此同时，由于其对原有的公共行政理论研究基础进行了全面的革新，该学派为未来公共管理开辟了更为广阔的研究空间和更符合公共管理本质的研究思路和研究方法。但也应看到，由于其与传统公共行政理论处于相对割裂的状态之中，是对原有理论全盘性的革新，因而其发展的连贯性不强，没有支撑起发展的牢固根基，因而虽然迎合了公共行政先进的发展趋势，但还没有取代传统公共行政理论的主导地位。

## （二）黑堡学派

黑堡学派产生于20世纪80年代，当时美国社会政党相继给既有的行政体制带来了很大的冲击，非理性的反政府、反权威、反官僚的社会氛围已经对公共行政的发展带来了严重威胁。在这样的背景下，黑堡学派在坚持公共行政的正当地位这一立场的前提下，提出了政府再造的观点，并且认为这一再造过程需要行政人员和官僚体系集体上的价值、态度、认知等的转变和共同努力才能实现。该学派的代表人物是加里·万斯莱。以他为代表的一批学者于公共行政相关的诸多方面提出了自己的观点。他们对公共行政的特质提出了自己的看法，认为公共行政是一种制度，官僚体制只是其中的一种并非唯一的形式，由于公共行政在社会中是唯一可以以社会之名通过强制力实现资源分配和奖惩赏罚的制度。此外，它的存在与人员个体之间的关系是相互的，制度可以约束人，人也可以通过对话来影响制度，制度并非不可变化的。同时它对资本主义社会中公共性的缺失也是一种有效的补充和保障。公共行政可以维护公共利益，这种公共利益也不是一成不变的，可以通过对话不断做出调整，因此公共利益具有暂时性。该学派还对与行政相关的重要概念与公共行政的关系做了说明。他们认为政治和行政在不同层次上具有不同的区分度，层次越高，区分度越不明显；公共行政是宪法的守护者，能够充分体现宪法的精神和意志。他们还提出了公务人员应承担的5种角色，以体现公务人员存在的正当性和必要性。黑堡学派在很大程度上与新公共行政学派具有相同的观点，但其对社会制度层面的关注和对公共利益的强调体现出其鲜明特点。

## 五、公共管理思路创新时期

公共行政学的发展历来具有“采众家之长”的特点，借助其他学科的思维和方法来发展公共行政使得公共行政学科的发展更具有多样性。自20世纪70年代以来，经济学、政策分析、工商管理等相近学科与公共行政学的碰撞总可以为公共行政学带来创新性的理论、思路和方法，也奠定了公共行政学不断向前发展的理论基础。也正是在这样的背景下，公共选择学派、新公共管理学派、新公共服务学派、治理学派等对现今公共管理影响颇深的学派不断涌现，丰富了公共行政理论研究的内容和方法。

### （一）公共选择学派

公共选择学派最显著的特征在于用经济学的思维和原理解决公共行政问题。该学派由于是由经济学家所创立的，因而其观点的每个角落都可以看到经济学的影子。该学派的代表人物有詹姆斯·布坎南和文森特·奥斯特罗姆、埃莉诺·奥斯特罗姆夫妇等人。该学派在提供经济学的研究方法的同时，在公共产品的供给效率、官僚主义的克服以及民主政府方面提出了自己的观点。在研究方法方面，他们以个人作为行政行为的主体，并且进行了“经济人”假设，提出个人行政也是从自利的角度出发，通过对个人行为进行解释来说明组织和集体行为的产生；将政治活动视同为交易过程，即通过利益各方不断沟通、交换与协调，最终实现互利的政治过程。在公共产品供给方面，他们认为公共物品具有非排他性和非竞争性，因而不能运用市场原理来进行公共产品的供给，为了科学地衡量供求关系以尽量削弱“搭便车”效应，只能通过集体支付的形式来表示公共物品的需求，在这一过程中，投票将是实现集体共同行为的必要手段。在面对官僚主义问题时，该学派在分析了政府扩张 5 大原因的基础上，提出了在承认官僚个人利益存在的前提下协调其与公共利益的关系，在满足个人利益的同时也能够最大限度地实现社会公共利益。在行政过程中引入竞争机制，运用市场原理实现对个人的激励以及公共物品的供给。该学派在民主政府问题上提出了 3 种不同性质的政府模式，其中民主政府模式被认为是一种最优模式，通过代议制民主的具体形式实现公共选择对政府行为的约束，以使其符合公共利益。

该学派对公共行政发展的贡献在于第一次提出了公众参与行政的理念，政府不再是唯一的行政者；通过分权与层级节制实现利益制衡以确保公共利益的实现；以经济原理衡量公共行政，并对政府的扩张目的进行严格把关。

**（二）新公共管理学派**

随着西方社会的不断发展，又出现了一些新的公共问题使得政府面临着严峻的挑战。这一问题被经济学归纳为一个概念——“滞胀”，即低经济增长、高通胀、高失业率、高财政赤字。在这样的环境中，政府通过行政手段干预和市场机制的自我运转以达到最终目的的方式已经完全不能应用到这种局面之中，“政府失灵”被广泛提及，新公共管理学派在这样的背景下出现了。相比于公共选择学派，新公共管理学派同样也将经济学的观点和精神、思维引入公共行政之中。这一学派的代表人物包括克里斯托弗·胡德、戴维·奥斯本和麦克尔·巴泽雷等人。他们以“经济人”为假设，以公共选择理论、委托代理理论、交易成本理论和企业管理理论等为理论基础，强调公共管理过程中的分权、效率、去官僚化与市场化，倡导以管理私人部门的方式实现对公共部门的管理。该学派提出了小政府理论、政府再造理论和重塑政府理论等观点。奥斯本在其提出的政府再造理论中强调政府应当具有企业家精神，他们提出了依靠绩效评估改进政府的管理效果，这一绩效评估的重点在于吸收公民参与，体现出以顾客为中心的政府管理理念。这一理念在其提出的基于回应性的政府全面质量管理理论中也有体现，该理论主张将公民看作顾客，在政府内部建立一套以顾客为中心，以改进、授权与协作为要点的全面质量管理体系，使得政府的回应能力更强，为公民服务的导向更为鲜明。

该学派特点鲜明，从经济学的视角研究公共管理问题，定性分析与定量分析兼顾，以经济学理论和私人部门管理为支点，构建出一套新的公共管理理论框架。相比于传统的公共行政理论而言，该学派的观点回应性更强，对公民需求的关注程度更深，在很大程度上满足了社会发展对于公共行政的要求，也迎合了公共管理的发展趋势。

**（三）新公共服务学派**

新公共服务理论与新公共管理理论一样，突出一个“新”字，即与传统的公共行政理论相比，新公共服务理论同样打破了传统理论的束缚，抛弃了机械抽象的科学实证主义属性，更多地从人文精神出发，探求公共管理的真谛。该学派的代表人物包括保罗·赖特和罗伯特·登哈特、珍妮特·登哈特夫妇等人。与新公共管理理论不同的是，新公共服务理论更为关注人的价值，倡导建立更有人文精神的政府。该学派以民主公民权理论、社区与公民社会理论、组织人文主义理论和后现代对话理论作为理论基础，提出了区别于新公共管理的鲜明主张。他们认为，政府的职责是为公民服务的“服务者”；公共利益应当是政府公共管理的价值方向，公民普遍有权享受公共产品和服务，公共资源是全体公民所有的，而非政府所有的，因此政府的企业家精神不能与公共资源的属性相匹配，资源的利用应当合理，而不能如企业家那样自由支配；效率不应成为唯一的追求目标，因而政策的制定和执行过程应当是全社会共同努力的结果，政府的责任也应当是多元化的。

与传统的公共行政理论和新公共管理理论相比，新公共服务理论可谓走出了公共行政理论发展的“第三条路”，相比而言，新公共行政理论批判地吸收了新公共管理的部分理念，但其更强调对人的重视和对公共利益的追求。与此同时，公民参与的地位有了空前的提升，在该学派的观点中，公民与政府在行政管理活动中有着平等的地位。当然，这一学派的观点也并不尽善尽美，其倡导的观点中包含的社区美德属性假设并没有找到事实支撑。

**（四）治理学派**

治理学派所倡导的治理理论诞生于20世纪90年代，随着社会的不断发展和人民生活水平的不断提升，社会对于公共管理需求的多元化趋势日益明显。该学派的代表人物有治理理论创始人詹姆斯·罗西瑙、罗德·罗兹和盖伊·彼得斯等人。治理理论的核心要素有以下几点。

第一，治理主体的多元化，即公共管理的主体不再只是政府，管理的手段也不再只是二元的“行政一市场”方式，以社会组织为代表的第三部门力量的壮大丰富了社会管理的主体结构。

第二，政府角色更明显地呈现出“有所为有所不为”的特点，包括市场在内的社会力量在部分领域完全可以承担公共产品与服务的供给。

第三，治理主体之间的关系趋于平等，通过相互依赖、相互协调和相互配合形成的治理网络取代单一政府成为管理社会的系统。

第四，管理对象的范围扩大，更为多元化的社会需求导致了治理主体的多元化发展，而这一多元化发展必然带来功能更为多样的治理网络，通过扩大服务范围，以有效回应多元社会需求。

第五，注重效率与公共性，多元治理网络的存在一方面可以保证社会需求能够得到最大限度的回应，体现效率，另一方面由于多元主体间是平等关系，社会各个群体的声音在治理过程中就会得到有效获取，从而通过协商、监督与制衡以保证治理的公平，最大限度维护公共利益。

第六，治理语境下的公共管理具有自发性和自主性，多元主体根据社会实际需求统一目标、协调配合、共同行动，以解决面临的各种公共问题。

治理理论中需要关注两个问题。一是由于管理主体多元化和主体间职能的再分配导致管理边界存在着模糊性。二是由于治理主体间存在着平等合作而又相互独立的关系，存在一套符合当地社会文化和历史发展的关系维持与控制机制和行动的正式制度程序，将对于治理的成效高低具有至关重要的影响。

治理理论中对效率的关注和对人的重视体现出其与新公共管理理论相似的一面，与此同时，治理理论摆脱了新公共管理理论将管理主体局限于政府的传统束缚，倡导更为广泛、多元和正式的共同参与，在治理主体结构上完成了突破；新公共管理以经济学作为发展的路径，而治理则以公民参与、构建共同网络作为发展路径，更符合公共管理的公共属性。

纵观公共管理理论的发展历程，可以看出其每一步发展都是以原有的公共行政理论指导下的实践不再适应社会发展需求作为引导，而新的公共管理理论和学派也是本着解决这些公共管理问题而出现和发展的。历史的发展证明，公共管理理论是一个开放、多元而兼容并蓄的体系，将会随着时代的变化、社会的变迁、文明的进步而不断演变，与此同时，新生的公共管理理论也会引导着公共管理下的社会在历史的轨道上不断向前。

## 第三节　变革时代的中国公共管理学

工业化、城市化、市场化等现代性因素成长所引发的“大转型”，是人类历史上罕见的社会生活秩序的整体性变迁，它不仅从根本上改变了经济生活、社会生活和政治生活的逻辑，而且重塑了现代国家政治、经济、社会的关系，并最终演化出了法治政府、市场经济、公民社会三元鼎立的现代国家治理结构。政府角色及其管理方式的现代转型，是现代化进程的重要组成部分，也是现代国家治理体系建构的核心问题。

中国特色社会主义进入了新时代，我国社会主要矛盾已经转化为人民日益增长的美好生活需要和不平衡不充分的发展之间的矛盾。这样的论断是基于对中国建设、改革和发展经验的客观分析，也体现了对中国与世界关系发生历史性变化的敏锐判断。在新的历史条件下，当代中国的治国理政是一个涵盖“政治建设、经济建设、文化建设、社会建设、生态文明建设”五位一体与“全面建成小康社会、全面深化改革、全面依法治国、全面从严治党”4 个全面战略布局在内的充满高度复杂性的国家治理系统。

在现有学科体系中，公共管理学科最有优势回应新时代国家治理的要求，它也负有义不容辞的责任，这是因为，公共管理学“是一门治国理政之学”，在一个国家或地区中，公共管理是关系到国计民生的范围最广、最具权威性的管理，是社会进步和经济发展的推进器。数千年博大精深的治国理政经验，为中国公共管理学的建构与发展提供了丰富的素材和深厚的实践基础。

中国公共管理学必须以转型发展的国家治理重大命题为根本关切。中国国家治理的变迁需要富有生命力的创造性理论对其进行阐释与指引，为人类命运共同体中的全球治理提供具有重要借鉴意义的中国经验与中国智慧。这样的时代需要来自中国公共管理学的理论贡献，可以说，以体现大国学术抱负的方式参与全球治理的范式革新是每一位中国公共管理学者的时代责任与学术使命。公共管理学科能否承担起新时代赋予的历史使命，这在很大程度上取决于公共管理学科自身的发展水平和能力，更取决于它能否进行适应性变革和创新。

## 一、中国公共管理的变革与创新

科学的宏观调控，有效的政府治理，是发挥社会主义市场经济体制优势的内在要求。切实转变政府职能，深化行政体制改革，创新行政管理方式，增强政府公信力和执行力，建设法治政府和服务型政府，是公共管理变革的重要内容。“推进政府职能转变，是我国全面深化改革、推进政府治理现代化的核心关键环节，也是我国政府管理体制改革的重点难点命题。”[①]中国的公共管理变革应该抓住政府职能转变这个关键，加快转变政府职能，着力推进放管结合、优化服务改革，使市场在资源配置中起决定性作用和更好发挥政府作用，切实推动政府职能向创

① 王浦劬．论转变政府职能的若干理论问题[J]．国家行政学院学报，2015（1）：31．

造良好发展环境、提供优质公共服务、维护社会公平正义转变。

**(一)转变政府职能**

转变政府职能是深化行政体制改革的核心，实质上要解决的是政府应该做什么、不应该做什么，重点是政府、市场、社会的关系，即哪些事该由市场、社会、政府各自分担，哪些事应该由三者共同承担。改革开放以来，我国加强中央政府宏观调控职责和能力，加强地方政府公共服务、市场监管、社会管理、环境保护等职责推进简政放权。取消和下放行政审批事项，实现“政府的自我革命”。实施商事制度改革，工商登记由“先证后照”改为“先照后证”，全面实施“三证合一、一照一码”。建立完善政府权力清单制度，推进机构、职能、权限、程序、责任法定化，做到“法无授权不可为”，同时制定市场准入负面清单制度，负面清单以外的，各类市场主体皆可依法平等进入，释放市场活力和社会创造力。加强事中事后监管，建立了“双随机、一公开”的市场监管体制，有效减少了执法者的自由裁量权和寻租机会，促进了执法公正。逐渐健全了以国家发展战略和规划为导向、以财政政策和货币政策为主要手段的宏观调控体系，加强了财政政策、货币政策与产业、价格等政策手段协调配合，增强了宏观调控的前瞻性、针对性、协同性。在全面减少政府对于微观经济活动和社会生活的过度干预的同时，把政府工作重点转到创造良好发展环境、提供优质公共服务、维护社会公平正义上来。通过政府职能全面转变，构建新型的政府与市场、政府与社会关系，由此释放和激发市场和社会蕴含的巨大活力，为经济和社会的可持续发展注入积极动力。

**(二)优化政府组织结构**

根据经济社会发展变化和全面履行政府职能需要，统筹考虑各类机构设置，科学配置党政部门及内设机构权力，明确职责，不断理顺行政组织纵向、横向以及部门之间的关系。加强宏观调控部门，减少专业经济部门，适当调整社会服务部门，加强执法监督部门，培养和发展社会中介组织。积极推进大部制改革，探索推进省直接管理县（市）体制改革，健全部门间协调配合机制，建立了以宏观调控部门、市场监管部门、社会管理和公共服务部门为主体的政府机构框架，逐步完善决策权、执行权、监督权既相互制约又相互协调的行政运行机制。机构设置和职责体系趋于合理，完善行政权力结构，规范行政权力运行机制，推动形成了权责统一、分工合理、决策科学、执行顺畅、监督有力的行政管理体制。

**（三）建设服务型政府**

增强政府公信力和执行力，建设人民满意的服务型政府。全面推进政务公开，坚持“公开为常态、不公开为例外”，推进决策、执行、管理、服务、结果公开和重点领域信息公开，让权力在阳光下运行。推广政府和社会资本合作（PPP）模式，构建多元化、社会化的公共服务供给体系。推广政府购买服务，凡属事务性管理服务，原则上都要引入竞争机制，通过合同、委托等方式向社会购买，构建政府权威、市场契约性交换和社会组织自治的有机复合机制，使公共财政资源得到合理配置。加强电子政务建设，着力推进“互联网+政务服务”，利用电子政务平台实施管理和服务，逐步实现了各类服务事项预约、申报、办理、查询等全流程网上运行，增强了对公众诉求的回应性，提高了行政效率。制定大众创业、万众创新的“双创”政策，推动就业增长，促进新经济的发展。

**（四）建设民主法治政府**

推进全面依法治国，党的领导、人民当家做主、依法治国有机统一的制度建设全面加强。科学立法、严格执法、公正司法、全民守法深入推进，法治国家、法治政府、法治社会建设相互促进。健全民主制度、丰富民主形式、拓宽民主渠道，从各层次各领域扩大公民有序政治参与。推进协商民主广泛、多层次、制度化发展，以经济社会发展重大问题和涉及群众切身利益的实际问题为内容，在全社会开展广泛协商，坚持协商于决策之前和决策实施之中。建设廉洁政府，加强反腐败体制机制创新和制度保障，坚持用制度管权管事管人，将权力关进制度笼子里，扎紧制度笼子，反腐败斗争压倒性态势已经形成并巩固发展。国家监察体制改革试点取得实效，行政体制改革、司法体制改革、权力运行制约和监督体系建设有效实施。

**（五）创新社会管理体制**

打造共建共治共享的社会治理格局。加强社会治理制度建设，完善党委领导、政府负责、社会协同、公众参与、法治保障的社会治理体制，提高社会治理社会化、法治化、智能化、专业化水平。加强预防和化解社会矛盾机制建设，建立畅通有序的诉求表达、心理干预、矛盾调处、权益保障机制。实施政社分开，推进社会组织明确权责、依法自治、发挥作用。适合由社会组织提供的公共服务和解决的事项，交由社会组织承担。支持和发展志愿服务组织。实现行业协会商会与行政机关真正脱钩，重点培育和优先发展行业协会商会类、科技类、公益慈善类、城乡社区服务类社会组织。鼓励民众广泛参与公共事务和促进社会自治的努力，积累社会资本，促进社会合作。多元治理行为主体之间逐步形成了密切的、平等的网络关系，原先由国家和政府承担的责任，正在越来越多地由各种社会组织、私人部门和公民志愿团体来承担，政府治理和社会调节、居民自治良性互动不断增强。

## 二、中国公共管理学的发展状况

中国的公共管理学科经过 20 世纪 80 年代以来与行政改革和管理制度建设同步发展的过程，从无到有，经历了重建、引进和大发展的阶段。在 200 多所高校建立了公共管理系、研究所或学院，在全国 500 多所高等学校中建立了公共管理类的本科。如何将中国的公共管理学科建设与中国的公共管理实践相结合，互相促进、相得益彰，是中国公共管理学人面临的重要挑战。①

1982 年 1 月 29 日，夏书章教授在《人民日报》发表了《把行政学的研究提上日程是时候了》一文。这篇文章对中国公共行政学的恢复和重建起到了极其重要的推动作用。自此文发表后，无论用什么名称称呼（如行政管理、公共管理），公共行政学实际上都在中国迅速地恢复和建立起来。②

1986 年在政治学一级学科之下设立行政学二级学科。同年，中国人民大学设立了国内首家行政学专门研究机构，按照行政学或行政管理学的模式建立学科，培养学生，从事研究。1986 年中国行政管理学会的成立是学科成长的重要标志。

① 蓝志勇．谈中国公共管理学科话语体系的构建[J]．国家行政学院学报，2014（5）：33.

② 马骏．中国公共行政学研究：反思与展望[J]．公共行政评论，2012（2）：15.

1997 年研究生专业目录调整，在管理学门类之下增加了公共管理学一级学科，这一级学科之下分设了行政管理、社会医学与卫生事业管理、教育经济与管理、社会保障、土地资源管理等 5 个二级学科，将行政管理学从政治学的二级学科调整为公共管理学科的二级学科，这不仅实现了行政管理学从政治学中分化出来，也确认了公共管理学科的身份独立性。

1998 年本科生专业学位目录调整，设置了行政管理、劳动与社会保障、土地管理、公共事业管理等 4 个专业，与研究生专业目录相比，新增加了公共事业管理专业。1998 年，中国人民大学、中山大学、复旦大学三校率先获得行政学博士授予权，这意味着行政学本科、硕士和博士的学科体系开始完善。目前，“985”大学都有公共管理（包括行政管理）博士授予权。此外，有些非“985”高校也获得了这一授权。博士教育的开展从两方面推动了中国公共管理学的发展：一是完善了中国公共管理学的教育体系，二是极大地推动了中国公共管理学研究的繁荣。

2001 年国家开始创设公共管理专业硕士学位（MPA）。MPA 教育的开展首先标志着中国公共管理学的教育体系进一步完善。此外，MPA 教育的推广也极大地提升了公共管理学对政府的影响，提高了公共管理学的社会声誉。

进入 21 世纪后，随着科研越来越受重视，同时国内资深的公共管理学学者在科研上也变得越来越成熟，加之一大批年轻学者加入研究队伍，中国公共管理学研究开始呈现出一个全新的格局，主要表现在：研究数量上的增长非常明显；本土研究开始越来越受重视；开始产生跨学科影响；研究成果开始发表在国际学术期刊上。中国公共管理学取得了巨大的发展，中国公共管理学已经发展成为一门学科。

当然，学科的发展需要不断的自我反思与批评。无论在教育还是在科研上，中国公共管理学仍然存在一些问题，面临许多挑战。例如，公共管理学科完整的学术体系、话语体系没有建立起来，学科体系内部各学科之间的内在逻辑联系还不够清晰，研究方法不够科学，仍有许多领域有待开拓，理论化层次有待提升。由于在经验研究和规范研究方面的不足，对公共管理实践尤其是政府改革的指导能力仍然有待提高。

司林波、李雪婷、孟卫东（2017）以《中国行政管理》《公共管理学报》《公共行政评论》《国家行政学院学报》等八种公共管理期刊 2006—2015 年被 CSSCI 数据库收录的 8813 篇文章（剔除了专栏导语、传记资料、研讨会综述及其他非学术类文章）的关键词为数据来源，采用文献计量可视化软件进行关键词网络共现分析，探索近十年间国内公共管理研究的热点领域和前沿主题，发现当前公共管理研究中还存在如下问题：研究主题变迁速度过快，研究成果系统性不强；核心作者的学科来源分散，公共管理研究的学科边界不够清晰；研究方法主要以定性分析为主，运用定量方法的实证研究成果偏少。通过梳理分析，他们指出公共管理领域内已经形成了一些较为稳定的研究领域和研究主题，如“政府职能”“政府改革与创新”等，未来的研究应该致力于重点主题的深化研究，对各个主题间内在脉络的梳理，形成具有质性特征的公共管理学科研究范畴；通过研究方法的综合与创新，形成严密的公共管理学科研究范式和学科边界。[①]

## 三、中国公共管理学发展前瞻

随着全球化、信息化与风险社会的到来，公共部门改革尤其是政府治理变革的浪潮席卷全球，公共管理的理论范式和实践模式都发生了变化，学科发展呈现出种种新的研究途径和知识形态；与此同时，我国的社会主义现代化建设尤其是国家治理转型急需公共管理的创新研究，因此，必须顺应当代社会科学及管理科学的发展趋势和我国经济社会发展的现实需求，推动我国公共管理学科的进一步发展。处于国家治理转型时代的中国公共管理学科有大量的理论和实践问题需要研究与解决，应立足于我国及当代世界的公共管理实践，着力进行理论建构和学术创新，形成中国学派与中国风格，促进公共管理知识的增长和积累。中国公共管理学科发展的理论构建需要世界眼光，既要突出本土化及其传统，采取中国立场，解决中国问题，发出中国声音；又要有全球视野，面向世界，开放包容，兼收并蓄，消化吸收其中的科学成分以及合理因素，进而形成有中国特色的公共管

① 司林波，李雪婷，孟卫东．近十年中国公共管理研究的热点领域和前沿主题：基于八种公共管理研究期刊 2006—2015 年刊载文献的可视化分析[J]．上海行政学院学报，2017，18（3）：109．

理学。[①]

1947 年，罗伯特·达尔在《公共行政学评论》上发表了题为《公共行政科学：三个问题》的论文，论文的最后形成这样的结论："没有任何一种公共行政科学是可能的，除非，规范性价值的地位被清楚地确立了；公共行政领域中的人性得到了更好的理解，且人的行为更具可预测性；有一批比较研究，从这些研究中，我们可能发现超越国界和特定历史经验的原则和通则。"[②]林尚立认为，从达尔的这个结论出发，中国公共管理学应充分考虑 3 个发展方向，即确立公共管理学特有的问题意识、确立中国公共管理的规范性价值体系以及形成理论与实践能够相互转化的研究能力。为此，中国的公共管理学不能停留在简单的理论阐发上，应该关注中国公共管理现实中的理论问题、实践问题和技术问题，从而把学科发展中的理论研究与公共管理实践中的理论研究结合起来，有了这样的研究能力，中国公共管理学就能获得蓬勃的发展。[③]

作为一门应用型学科，中国公共管理学在研究问题、方法体系、理论价值等层面存在身份归属的模糊性，面临着缺少关注真实中国问题的学术旨趣、管理主义与工具理性的挤压、理论研究碎片化等知识增长瓶颈。朱正威、吴佳（2017）认为，跨越中国公共管理学的身份认同困境，不能沉浸于从抽象角度讨论不同学科类型的知识传统，而应直面国家治理的真实情境，依托本土化的治国理政实践建构新型知识形态。同时，中国公共管理学的本土叙事要以"全球化与地方性、传统资源与现代情境、基础学科与多元视角、规范思辨与实证研究"4 个维度的辩证叙事为方法论基础，真正构建起以问题为导向的包容性知识范式。[④]

---

[①] 陈振明，等．公共管理学原理[M]．修订版．北京：中国人民大学出版社，2017：25-26．

[②] [美]罗伯特·达尔．公共行政科学：三个问题．公共行政学百年争论[M]．颜昌武，马骏，译．北京：中国人民大学出版社，2010：47．

[③] 林尚立．公共管理学：定位与使命[J]．公共管理学报，2006（2）：5-6．

[④] 朱正威，吴佳．面向治国理政的知识生产：中国公共管理学的本土叙事及其未来[J]．中国行政管理，2017（9）：14．

# 第二章　公共管理的内涵解析

## 第一节　公共管理的逻辑起点：公共产品

公共产品的供给方式以及供给主体，无论在理论研究还是实践上一直是公共管理领域中极具争议的话题，这种争议又是以历史实践中某一单一供给模式的实效，甚至是行为上的示范而引发和展开的。随着新公共管理运动的兴起，近年来的理论和实践发展方向是提倡公共产品提供主体多元化。公共产品供给主体的角色转变经历了从市场中心到政府中心再到多中心的变换，其中的潜在逻辑是市场失灵——政府失灵——多中心互补。

人类社会创造了多种多样的产品，不同的产品有不同的生产方式，满足不同的消费需求。根据不同的标准可以将产品分为不同的类型。根据产品的消费方式以及消费特征，可以把千差万别的产品区分为两大类：一类是私人产品；另一类是公共产品。

### 一、公共产品的含义与特征

#### （一）私人产品

公共产品是相对私人产品而言的。研究公共产品必须首先了解什么是私人产品以及私人产品的特性。

所谓私人产品是指能够在消费者之间进行分割并具有消费的完全排他性和完全竞争性的产品或服务。在自给自足的自然经济条件下，私人产品是以家庭作为基本的生产单位组织生产的，私人产品的生产者和消费者一般是统一的。在市场经济条件下，私人产品通过市场机制向社会提供，一般以企业作为基本的生产单位组织生产，私人产品的生产者和消费者通常是不统一的。

私人产品的特性：

1．可分割性

所谓可分割性是指私人产品一般都有一定的计量单位，私人产品的总消费量等于全部消费者对私人产品消费的总和。例如，衣服是私人产品，以件为单位，衣服的总消费量可以用每个消费者对衣服的消费数目的总和表示。

2．竞争性

所谓竞争性是指某个消费者消费了某一私人产品，就排除了其他消费者消费该产品的可能，或至少是影响其他消费者消费该产品的数量和质量。也就是说，私人产品每增加一个单位的消费，其边际成本不为零，即每增加一个单位的私人产品供给，就需要相应增加一个单位私人产品所需要的成本。

3．排他性

所谓排他性是指对私人产品来讲可以将拒绝付款的人排除在消费范围之外。当消费者为私人产品付费之后，其他人就不能享用此种产品或劳务带来的利益，其他人必须付费并且支付足额的费用才能消费该产品。

由于私人产品具有可分割性、竞争性和排他性的特征，使得私人产品可以通过市场机制进行供给，在保证市场充分竞争的前提下，可以通过产权的界定实现有限资源的最优配置。

（二）公共产品

把公共产品界定为一种产品，每个人对这种产品的消费都不会导致其他人对该产品消费的减少。某种私人产品的总消费量等于全部消费者对私人产品消费的总和，而公共产品的消费量则等于任何一位消费者的消费量。

根据这一概念，公共产品与私人产品相比具有以下特性：

1．不可分割性

所谓不可分割性是指公共产品通常是作为一个整体向社会提供的，具有共同受益和联合消费的特点，它通常没有一定的计量单位。其效用为整个社会的成员所享有，既不能将其分割为若干部分归属于某些个体，也不能按照谁付款谁受益的原则限定为之付款的个体享用。例如，国防提供的国家安全保障是为一国国内所有人而不是为个人提供的，这种消费在消费者中间是不可分割的。

2．非竞争性

所谓非竞争性是指一位消费者消费公共产品并不影响其他消费者消费的数量和质量。也就是说，消费者人数的增加引起的边际成本为零。例如国防，增加一个人消费并不会增加国防的供给成本，也不会影响原有人消费国防这种公共产品的数量和质量。

3．非排他性

所谓非排他性是指任何消费者都可以不付任何代价消费该产品，对公共产品的提供者而言，无法将拒绝付款者排除在消费范围之外，或者虽然可以排他，但由于排他成本过高以至于在经济上不可行。非排他性表明，要采取收费的方式限制任何一位消费者对公共产品的消费是困难的，甚至是不可能的。每位消费者都可以免费消费公共产品。例如，国防体系一经建立就不能任意排斥该国某一居民的国防受益。

（三）准公共产品

以上所说的公共产品同时具有不可分割性、非竞争性和非排他性三种特征，我们把这类产品称为纯公共产品。在现实生活中，许多产品并不同时具有这三种特征成为纯公共产品，也并不一定同时不具备这三个特征成为纯私人产品。这些介于纯公共产品和纯私人产品之间的产品被称为准公共产品或混合产品。

准公共产品既带有公共产品特性又带有私人产品特性，居于两者之间。在现实生活中，纯公共产品和纯私人产品并不普遍存在，更为常见的是居于这两个极点之间的准公共产品。具有非排他性但具有竞争性的准公共产品也被称为公共资源性产品，例如公有的草场、地下水资源、海洋资源等公共资源。具有非竞争性但具有排他性的准公共产品也被称为“俱乐部”产品，例如学校、公园、影院、高速公路、有线电视。

用排他性、竞争性两个标准衡量所有产品可分为4种类型（见表2-1所示）。

表 2-1　C. V. 布朗、P. M. 杰克逊的产品分类[1]

| | 排他 | 非排他 |
|---|---|---|
| 竞争 | 纯私人产品：<br>排他成本较低；<br>由私人公司生产；<br>通过市场分配；<br>通过销售收入融资；<br>如食物鞋子 | 混合产品：<br>产品得益由集体消费但受约束；<br>由私人公司生产或直接由公共预算分配；<br>通过销售收入融资，如对该服务的使用权收费或通过税收筹资；<br>如公共公园、公有财产资源、公共游泳池 |
| 非竞争 | 混合产品（“俱乐部”产品）：<br>含外在性的私人产品；<br>私人企业生产；<br>通过含补贴或矫正税收的市场分配；<br>通过销售收入筹资；<br>如学校、交通系统、保健服务、疫苗接种、有线电视 | 纯公共产品：<br>很高的排他成本；<br>直接由政府生产或由与政府签约的私人企业生产；<br>通过公共预算分配；<br>通过强制性税收收入筹资；<br>如国防 |

## 二、公共产品的类型

根据不同的划分标准，公共产品有多种分类方法：

### （一）纯公共产品和准公共产品

根据公共产品的性质分类，公共产品可划分为纯公共产品和准公共产品。这是最常见的一种划分方式。凡是能严格满足消费上的非竞争性和非排他性的公共产品是纯公共产品，不能严格满足消费上的非竞争性和非排他性的公共产品是准公共产品。

### （二）有形公共产品和无形公共产品

根据公共产品的表现形式，公共产品可划分为有形公共产品（物质公共产品）和无形公共产品（精神公共产品）。有形公共产品是指看得见、摸得着的公共产品，具有明显的外在物质表现形式和物质使用价值，可以满足人们的物质需要。如水、电、煤气和天然气、道路航空、消防等大量的公共基础设施。无形公共产品主要是指政府所提供的法律、政策和制度之类的服务，并不具有外在的物质形态，人们对它的消费过程和生产过程几乎是同时进行的。此外还包括教育、安全、基础

[1] [英]C. V. 布朗，P. M. 杰克逊. 公共部门经济学[M]. 张馨主译. 北京：中国人民大学出版社，2000：35.

研究等。

**（三）全国性公共产品和地方性公共产品**

根据公共产品存在的空间界域，公共产品可分为全国性公共产品和地方性公共产品。全国性公共产品是指由国家或中央政府提供的产品和服务，如国防、外交，全国性的法规、政策。地方性公共产品是指由地方政府提供的产品或服务，如城市基础设施，地方性法规、政策。

**（四）垄断性公共产品和非垄断性公共产品**

根据公共产品供给者的数量，公共产品可分为垄断性公共产品和非垄断性公共产品。垄断性公共产品意味着该产品只能由一个主体提供，如国防、外交、法律就只能由政府提供。可以由多个主体提供的公共产品属于非垄断性公共产品，如基础设施。

### 三、公共产品的供给方式

关于公共产品的供给方式，由于公共产品具有非排他性和非竞争性特征，如果以市场的方式提供公共产品，实现非排他性是不可能或者是成本高昂的，并且在规模经济上缺乏效率，因此政府提供公共产品比市场方式具有更高的效率。从 20 世纪 70 年代开始，伴随新自由主义的重新兴起和公民自决意识的觉醒，各种各样的非政府组织逐渐参与公共产品供给活动中，成为公共产品供给活动的重要主体，弥补了政府、市场（私人企业）在供给公共产品方面的失灵和空白。

## 第二节 公共管理能力提升的外部条件：公共环境

公共管理系统必须在特定的环境中存在和运行。公共管理的环境是一切公共管理活动进行的前提和基础，是所有能够影响公共管理系统组织以及人员的活动与行为的多层次、多方面和多种类型的因素的总和。公共管理的环境既为公共管理提供各种必要的资源，又对公共管理活动形成制约。与此同时，公共管理活动还能通过反馈作用于公共环境，形成公共管理与其环境的互动。一般而言，可以将一国范围内的公共管理环境划分为生态环境、社会环境与国际环境。

公共管理目标的实现有赖于公共管理能力和水平的不断提升。就公共管理能力提升的条件而言，内部的组织结构、职能划分、人员配置与绩效激励以及监督约束固然十分重要，其外部的公共环境的作用也绝对不能忽视。环境处于不断变化之中，因此不能视为公共管理活动进行的固定外生变量。良好的公共环境有助于公共管理能力的提升；相反，恶劣的公共环境却是对公共管理活动进行与管理能力提升的极大挑战。鉴于此，对于公共管理环境的研究意义重大。

## 一、公共管理环境含义及类型

### （一）公共管理环境含义

环境的概念十分宽泛，一般指存在于某一事物周围的一切情况和条件。从最广的角度而言，我们说某个人或某个组织所面临的环境，就是指从整个宇宙中减去这个人或这个组织后，所剩下的一切。有西方学者将环境解释为："一切能影响生物的生存、生活的外在事物及情况的集合体。"还有"环境为在生物周围的一切事物，能予生物若干影响者"之说。[①]不同的事物面临着不同的环境，不同的环境能够对同一事物产生不同的影响。事物发展的同时受内、外因的作用，这里的外因都可以纳入我们所说的环境要素之中。

公共管理环境涉及的范围相对狭窄并更加具体。公共管理环境即公共管理组织进行有效管理的环境，是指围绕公共管理行为和活动这一全体的外部状况和形势，直接或间接地作用或影响公共管理系统整体运作的客观因素的总和。需要注意的是：第一，公共管理环境并非全部包括公共管理主客体之外的全部外界客观情况，而是指与公共管理主客体有密切的联系并且直接或间接地影响或作用于公共管理主体的外界诸因素的总和；第二，公共管理环境既包括影响或作用于公共管理主体的外界诸因素，也包括影响或作用于公共管理客体等公共管理活动构成部分的外界诸因素；第三，公共管理环境不是性质单一的，而是由诸多因素构成的复杂的系统，如政治、经济、文化、人口、生态、民族、国际环境等因素。

① 陶学荣．公共行政管理学导论[M]．北京：清华大学出版社，2005：34．

对公共管理环境的研究直接来源于生态学研究。生态学是研究各种生物之间以及与环境之间相互关系的一门学科。它认为任何一种生物都不是孤立存在和发展，在某些方面，它必须依赖其他生物与非生物环境才能生存。生态学研究的主要目标在于有效地管理世界上的生物与非生物环境。之于公共管理来讲，生态学的研究特点是：跳出公共管理自身的圈子研究管理活动，从整个社会环境系统和自然环境系统的大范围，系统地研究国家公共管理活动，为公共管理学的研究发展开辟了一条新路，使得公共管理学研究的视野更广、角度更高；从封闭式研究转向开放性研究，突出公共管理与其外界环境的关系，强调权变管理。[①]“权变”即根据不同时间、不同地点组织及其管理活动所面临的外界环境特征的不同采取不同的管理手段和管理方式，同时随着时间的推移、地点的变更导致的外界环境特征的变化，及时对管理手段和方式做出调整。

西方对于公共管理重要主体——公共组织进行的生态学考察开始于 20 世纪 40 年代左右。最初的研究者以美国哈佛大学约翰·高斯教授为代表。1936 年，高斯教授发表了《美国社会与公共行政》一文，将公共管理活动与社会环境各因素之和起来加以研究。1947 年，他又发表了《政府的生态学》一书，以生态学的理论和方法研究公共行政以及公共管理的对象，强调结合外部客观环境因素及作用研究国家公共管理活动。随后，美国夏威夷大学教授里格斯也在行政生态学方面的研究取得了重大的进展。1961 年，里格斯教授发表了《行政生态学》一书，根据社会制度在功能方面的分化程度，把行政（公共管理）系统分为 3 种类型：与农业社会环境相适应的“融合型”行政模式；与从农业社会向工业社会过渡的社会环境相适应的“棱柱型”行政模式；与现代工业社会环境相适应的“衍射型”行政模式，并阐述了 3 种行政模式各自的特征[②]。这种对于行政环境的类型分析对于今天的公共管理环境研究具有重要的借鉴意义。里格斯的研究为公共行政学以及公共管理学开创了一个新的分支学科——行政生态学，对行政环境（公共管理

---

[①] 崔守航，翟明清．行政管理学[M]．郑州：黄河水利出版社，2005：41．

[②] 徐中奇．行政生态学研究述评及其对我国行政改革的启示[J]．江西行政学院学报，1999（4）：26–27．

环境）进行专门研究。此后，许多管理学的专家、学者都在其著作中涉及环境与管理的理论问题。如 1970 年卡斯特和罗森茨维克合作发表了《组织与管理》，提出管理组织与外界环境之间既有界限，又相互渗透，组织从外界输入各种信息、支持、资源等，经过组织转换，然后输出，论述了组织系统与外界环境系统互动过程及其特征。1976 年，卢森斯教授发表《管理学导论》，提出管理系统与环境系统之间具有整体性、开放性、反馈性、权变性等特征，说明行政管理系统只有适应环境系统才能生存和发展。[①]之所以采用生态学观点分析公共组织和公共管理活动，是因为组织是由人构成并进行活动的，组织特性与人的特性有一定的相似之处，如同人在生物圈中处于食物链的一个环节，公共管理行为既受外部环境因素的影响，同时又影响外部环境因素。

### （二）公共管理环境类型

公共管理环境包含众多的具体环境因素，可以从不同的角度、采用不同的标准对其进行划分。一般的分类方法包括：

#### 1．根据环境内容分为公共管理自然环境和社会环境

其中自然环境是指与公共管理发生密切联系和交互作用的自然条件，如自然资源、气候、各种生物；社会环境是指人与人的活动形成的并对公共管理产生直接或间接影响与作用的各种社会因素的总和。一般而言，社会环境的进化要比自然环境迅速得多。一切社会环境因素无不与人的活动密切相关，所以人是社会环境中起主导作用的因素。构成社会环境的因素十分复杂，主要包括政治环境、经济环境和社会环境，此外还包括人口的数量、质量、分布、结构等人口环境要素以及民族的成分、分布、关系等民族环境因素。

#### 2．根据地域和范围分为国内环境和国际环境

其中国内环境是指直接或间接影响和作用于公共管理的本国内部的社会经济、政治、文化、人口、民族和自然条件等各种客观因素的总和。国际环境是指直接或间接作用和影响公共管理的一个国家同世界其他国家和地区之间的政治、

---

① 崔守航，翟明清．行政管理学[M]．郑州：黄河水利出版社，2005：42．

军事、经济、文化、自然地理等方面的关系，其他国与国之间的相互关系以及与国际组织的关系等外部条件。

**3. 根据产生作用效果分为有利的公共管理环境和不利的公共管理环境**

有利的公共管理环境也称良性的公共管理环境，是指对某项公共管理活动直接或间接产生有利的积极影响和作用的客观因素，可以是国内的社会人文因素或自然因素，也可以是国际的社会人文因素或自然因素。不利的公共管理环境也称恶性的公共管理环境，是指对某项公共管理活动直接或间接产生不利的影响，和作用的客观因素，可以是国内或国际的，也可以是自然因素或社会人文因素。

**4. 根据与公共管理组织距离分为大环境、中环境和小环境**

其中大环境是指直接或间接影响和作用于公共管理环境的全国性的社会环境和自然环境，包括国内的与国际的，即一般我们所讲的“国情”和“区情”。中环境即公共管理系统各方面的情况，也是影响公共管理的重要的环境因素。小环境是指一个具体的公共管理组织内部的人际关系、制度建设等因素。

**5. 根据功能标准分为公共管理内部环境与公共管理外部环境**

公共管理内部环境是指从公共组织系统内部对公共管理人员或者某个具体的公共组织及其管理活动产生直接影响和制约作用的因素，一般来源于公共管理组织系统内部，主要包括组织文化、组织氛围、组织气候等。公共管理外部环境是指从外部作用于公共管理组织系统及其活动的环境因素，包括社会经济、政治、法律、文化、观念、科技等。公共管理内部环境与外部环境是紧密相连的，内部环境实际上是外部环境通过公共管理组织系统内部主要因素（包括职能划分、组织设计、人员配置等）在公共管理系统中的体现。

## 二、公共管理环境的基本特征

### （一）广泛性

公共管理环境是公共管理系统赖以存在和发展的外部各种要素的总和。因此，凡是作用于公共管理组织系统的外部条件和要素，都属于公共管理环境的范畴。

从地形分布、山川河流，到气候特征、自然资源；从人口数量、民族状况，到阶级状况、历史传统；从文化教育、科学技术，到社会制度、经济状况，乃至人际关系、道德水平等，无一例外。正是由于公共管理环境的这一广泛性特征，可以对各种具体的环境要素进行细分，不同类型的具体公共管理环境的内容、特征以及对于公共管理活动的影响各不相同。

**（二）复杂性**

公共管理环境是广义生态环境的一个重要部分，是一个复杂的开放的系统。它对公共管理的影响和作用不仅是广泛的，更重要的是在此基础上体现出来的复杂性。各种要素本身以及这些要素之间构成纵横交织的关系，为研究提供了丰富的内容。

**（三）差异性**

构成公共管理环境的各种条件和要素，对于公共管理主体来说没有一个是完全相同的。例如，各个地区的自然环境千差万别，有的是山区，有的是平原，有的是丘陵；有的降雨量多，空气湿润，有的气候干旱，常年无雨。同时，各个地区的经济状况、物质条件、风土人情以及文化传统也不尽相同。国与国之间、民族与民族之间、沿海与内陆地区之间、东部地区与西部地区之间、城市与乡村地区之间的公共管理环境存在着各种不同的差异。各种不同的公共管理体制、管理模式的形成与发展，以及公共管理手段与工具的选择，都是这种差异性的具体体现。

**（四）变化性**

世界上没有一成不变的东西，任何事物都是处于不断变化之中，公共管理环境更是如此。今天的公共组织面临的环境与昨天不同，明天的公共组织面临的环境又与今天不同。公共管理环境的变化，直接或间接地影响公共管理系统的各个要素的变化与变革。这就对公共管理人员特别是领导者提出了更高的要求，审时度势是公共管理组织面对环境变化导致的不确定性的必要选择。

**（五）互动性**

公共管理环境各要素通过一定的方式、途径作用于公共管理，公共管理组织通过各种公共管理方式、途径反作用于外部环境因素，从而改造着客观世界。公共管理环境与公共管理活动呈现出互动性。

## 三、公共环境对公共管理能力提升的意义

公共管理的外界环境构成公共管理组织能够获取的各种资源和约束，同时也是公共组织、公共管理活动直接作用的对象之一，因此公共环境对于公共管理组织的生存、发展，对于公共管理活动进行的质量以及公共管理的目标能够达成具有关键性影响。良好或者良性的公共管理环境能够为公共管理组织提供更多的有利资源，将组织及其管理活动面临的不确定性降到最低水平，减少公共管理活动过程中遇到的各种障碍。

公共管理环境对公共管理的制约具体表现为对其原则、目标和方式方法的制约。首先，就公共管理的原则而言，任何公共管理原则都必须符合各种环境要素的要求，脱离环境要素要求的原则就变成了教条，用教条去指导公共管理的实践必然失败。由此可见，公共管理的原则在不同的公共领域、公共组织部门中应各有其特点，不能不顾自身的特点千篇一律地去套用对别的公共管理组织、人员及活动有效的管理原则。其次，就公共管理的目标而言，不同的公共管理组织、人员及其活动应根据面临的上述环境要素的具体状况，制订切实可行的公共管理目标。不顾自身环境因素的制约，盲目地确定高目标，或不能充分利用环境因素提供的可能，保守地确定低目标，都不会取得公共管理的最佳效果。最后，就公共管理的方式方法而言，更要与面临的环境要素相适应。公共管理的方式方法必须灵活可行，尤其在专业分工日益精细化的市场经济体制下，以前行之有效的公共管理的方式和方法能否在今天仍能很好地适用，必须视其面对的环境要素而定。例如，正常环境和处于危机状态环境之下，所采取的公共管理方式方法就有很大区别。

以上表明，广泛复杂的公共管理环境要素对于公共管理的能力水平提出了很高的要求。复杂多变的公共管理环境既对公共管理人员的能力提出了较高的要求，又给这些人公共管理能力的提升带来了契机。良好的公共管理环境往往能为公共

管理能力的提升创造更好的条件。具体表现为以下几个方面。

**（一）良好的公共环境能为公共管理提供必需资源**

公共管理组织的生存、公共管理活动的进行必须依靠一定的资源，而这部分资源一般都是从外界环境中获取的。例如，公共管理可以从自然生态环境中获取自然物质资源，可以从社会环境中获得政治社会支持、资金、技术、信息等，可以从国际环境中获得国外先进的公共管理思想、工具以及总体安全的国际环境等。这些都是提升公共管理能力的重要基础。

**（二）良好的公共环境有助于提高公共管理者的管理能力和水平**

公共管理环境是公共管理系统的客观条件，公共管理是主观见于客观的活动。研究公共管理环境是要正确地认识和掌握公共管理的客观条件，特别是它对于公共管理的作用和制约形式，从而制定适当的管理措施，促进公共管理的发展和管理目标的实现。在这一过程中，过于恶劣的外界环境会带给公共管理者过多的不确定性，会超出管理者的能力范围。良好的公共环境大大减少了风险与不确定性，公共管理者可以在应对处理的能力范围内锻炼提高管理水平。

当然，公共环境对于公共管理能力的提升只是外因。外因必须通过内因起作用。这里的内因就是公共组织的结构设置、职能划分，公共管理人员的职位分配、公共管理人员的认知以及实践能力。从根本上说，公共环境对于公共管理组织及其活动而言，只是提供了基础和可能的机会。在良好的公共环境下，公共管理能否获得发展，公共管理的目标能否真正得以实现，还要看公共管理人员能否在有利的环境下完善组织设计、促进组织自身发展，以及在面临有利机会时，是否能够及时有效地抓住这一机会，促成量变向质变的飞跃，实现公共管理目标。

## 第三节　公共管理持续发展动因：公共部门战略

20 世纪 70 年代末，世界范围内掀起将私人部门管理（工商管理）的方法和技术引入公共部门管理为主要特征的新公共管理运动，强调公共部门同样要以提高效率为核心，其中将私营部门战略管理的方法成功移植到公共部门的管理实践中也是此次新公共管理运动的一项主要内容，但是由于私营部门管理与公共部门管理存在巨大差异，完全照搬照抄根本无法适应公共管理的特殊要求，所以如何建立公共部门战略管理体系成为研究焦点。传统行政因为过分关注内部问题和短视行为一直遭到社会各界的批评，主要表现在其过分关注行政过程和日常管理，文官（常务文官）被假定为仅仅需要执行政治家（政务官）所制定的政策和法律，他们不必考虑组织的外部环境、长远目标以及如何通过资源的优化配置实现目标。因此在传统行政中战略思维是没有地位的，传统行政很少考虑外部环境长期目标或组织的未来之类的问题。[①]这样将会降低公共部门的工作效率，甚至出现公共资源的极大浪费。要想彻底转变管理模式，实现公共行政的高效率，公共部门的管理便要引入战略思维，制订一个连贯的目标，使所有活动都有助于目标的实现，把关注的焦点由内部转向外部，从注视日常管理活动转向组织未来的发展，从而实现目标清晰、方向正确、与外部环境相适应的可持续发展的公共管理。

公共部门的战略管理源自私人部门的战略管理理论。战略管理关注组织周边的情况和未来的环境，具有一定的前瞻性。这一概念一经提出便得到人们的重视，迅速被广泛应用于私营部门的管理实践当中，并取得了巨大的成功。所产生的神奇效果和其本身的经历都对公共部门产生了示范性的影响，成为公共部门学习、参考以改善自身状况的榜样。因此，如何将私营部门的成功经验与公共部门的管理实践相融合，依靠战略管理取得同等的效果便成为公共管理研究的一个方向，由此也开始了公共部门战略管理的研究与发展。

## 一、公共部门战略管理兴起的背景

### （一）战略及战略管理的概念

战略（strategy）一词来源于希腊语 strategos 及演变出的 stragia，前者意思为“将军”，后者意为“战役”“谋略”，均指制订军事计划，进行军队指挥从而获得战争胜利的艺术和科学。与此相对应的是“战术”——指具体战斗获得胜利的较低层次的目标。

---

① 陈振明．公共部门战略管理[M]．北京：中国人民大学出版社，2004：1-2．

在中国，“战略”一词中的“战”与“略”最初是分开的，“战”是战斗和战争，“略”是谋划和策略。现代汉语词典中，将“战略”解释为指导战争全局的计划和策略，决定全局的策略。中国古代军事家孙武的传世之作《孙子兵法》是中国古代最早的对战争进行全局谋划的战略著作，其中很多经典思想一直影响着现代战略管理。

在西方，“战略”一词最早出现于拿破仑等一些军事将领的著作当中，同样指在作战中计划利用资源以达到胜利。把战争与企业活动进行类比，最早源于苏格拉底将司令官与商人职责进行的比较，两者都是通过计划利用资源来达到目标。

在《牛津高阶英汉双解词典》中，战略（strategy）不仅指军事上的战略决策，同样涉及管理方面的内容，如指策略、谋略、计划或管理。工商管理界在此基础上逐步发展出适合企业发展的战略管理概念，主要涉及组织的远期发展方向和范围，使资源同变化的环境尤其是市场、消费者相配合，以到达预期目标。

战略一词因其适用范围广泛、内涵丰富，在各个不同时期有诸多学者从各自研究角度对战略一词进行定义。

美国哈佛商学院教授安德鲁斯（K. Andrews）认为，战略是要通过一种模式，把企业的目的、方针、政策和经营活动有机地结合起来，使企业形成自己的特殊战略属性和竞争优势，将不确定的环境具体化，以便较容易着手解决这些问题。同时指出对于企业战略来说，“战略”是一种决策模式，它决定和揭示企业的目的和目标，提出实现目的的重大方针与计划，确定企业应该从事的经营业务，明确企业的经济类型与人文组织类型，以及决定企业应对员工、顾客和社会做出的经济与非经济的贡献。

美国著名管理学家安索夫（H. I. Ansoff）在1965年发表了著名的《企业战略》一书，提出了他自己的战略观。在书中，安索夫阐述战略是指企业为了适应外部环境，对目前从事的和将来要从事的经营活动进行的战略决策。同时指出战略的核心应该是：弄清你所处的位置，界定你的目标，明确为实现这些目标而必须采取的行动。同时安索夫还认为企业生存是由环境、战略和组织三者构成，只有当这三者协调一致、相互适应时，才能有效地提高企业的效益。

加拿大管理学家明茨伯格（H. Mintzberg）将“战略”进行五种界定，分别是计划（Plan）、计谋（Ploy）、模式（Pattern）、定位（Position）、与观念（Perspective）。

战略是一种计划。它代表了用各种各样精心构建的行动或一套准则处理各种情况。战略的这个定义具有两个特点：第一，战略是在企业经营活动之前制定的，战略先于行动；第二，战略是有意识、有目的地开发和制订的计划。战略计划与其他计划不同，它是关于企业长远发展方向和范围的计划。

战略是一种计谋。战略是要在竞争中赢得竞争对手，或令竞争对手处于不利地位及受到威胁的计谋。这种计谋是有准备和意图的，主要目的是想方设法与其他企业竞争。计谋的表现形式多种多样，有时候会应用我国《孙子兵法》所列举的各种战术活动，从而实现竞争胜利。譬如有时战略制定具有威慑作用，可以达到“不战而屈人之兵”的目的。该方式反映了战略的灵活性以及根据对方情况调整战略的可行性特征。

战略是一种模式。战略是一系列行动模式或行为模式，或者是与企业的行为相一致的模式。“一系列行动”是指企业为实现基本目标而进行竞争、分配资源、建立优势等决策和执行活动。该定义强调，无论企业是否有明确的、事先的战略计划，只要有具体行为就有战略。从这个角度看，可以将战略视为理性战略和应急战略两种，前者体现了某种计划和意图；后者则与意图无关，更多的是强调如何行动。

战略是一种定位。它反映的是组织的一系列行动。这种模式将突然出现的机会与有意识的计划好的行动联系起来，并在有机会的新的洞察力出现时，抛弃某些计划好的行动。这个模式趋向于根据战略——情景的变化而变化。这样，便可以将战略看成一个逐渐演进的动态的过程，它存在于战略制定者的脑海中。

战略是一种观念。从这个角度看，战略不仅包含既定的定位，还包括感知世界的一种根深蒂固的认识方式。战略观念通过组织成员个人的期望和行为形成共享，演变成企业组织共同的期望和行为。

战略管理是战略一词的延伸。战略仅仅是分析当前各种因素，根据掌握的各种信息设计将要实施的计划，而战略管理更加注重整个战略的过程，是一个谋划战略、执行战略，最后对战略进行整体评估的整个过程。关于战略管理的含义，学术界认定的并不统一。

《战略管理思想》一书的作者费雷德·大卫教授将战略管理定义为：一门着重制定、实施和评估管理决策和行动的具有综合功能的艺术和科学，这样的管理决策和行动可以保证在一个相对稳定的时间内达到一个机构所制订的目标。

“现代管理学之父”彼得·德鲁克认为，战略管理不是一个魔术盒，也不是一组技术，战略管理是分析式思维，是对资源的有效配置。计划不是一堆数字，战略管理中最重要的问题是根本不能被数量化的。

纳特和巴可夫的《公共和第三部门组织的战略管理：领导手册》一书中阐述战略管理是一种决策，是确定反映组织目标和意图的决策，是规定组织从事的业务或服务范围的一种决策；确定组织将要或想要成为何种经济或人力组织的决策；关于组织将要为其股东或托管人、雇员、顾客和社会所做的经济或非经济贡献的决策。①

亨利·明茨伯格的观点是：战略与组织、环境都有关系；战略的本质是复杂的；战略影响着组织的整体利益；战略包括内容和程序；战略不是完全深思熟虑的；战略存在于不同的层次；战略包括不同的思想过程。②

通过对学者们的观点进行整合并结合目前理论界研究成果，战略管理是决定组织长期问题的一系列重大管理决策，通过制定和贯彻这种长期战略决策使组织在处理自身与环境关系过程中实现其愿景的管理过程。战略管理包括企业战略的制定、实施和评价。

### （二）私营部门战略管理的兴起

现代意义的战略管理思想最早出现在美国管理学家巴纳德的代表作《经理的职能》（*The Functions of the Executive*）一书（1938 年）中。他运用战略的思想对企业主要因素以及它们之间的影响进行分析，首开企业经营战略研究先河。

---

① 苏保忠，张正河．公共管理学[M]．北京：北京大学出版社，2004：138．

② [美]亨利·明茨伯格，布鲁斯·阿尔斯特兰德，约瑟夫·兰佩尔．战略历程：纵观战略管理学派[M]．刘瑞红，徐佳宾，郭武文译．北京，机械工业出版社，2002：11-12．

战略管理兴起是由于企业外部环境剧烈变化与企业内部条件的联系对企业发展产生了重大的影响，从而使企业必须不断地注视内部与外部的事件与趋势，以便必要时及对做出调整。具体原因有以下几种。

**1．企业面临的外部环境剧烈变化**

进入20世纪以来，企业面临的外部环境剧烈变化，而且每一种因素的变化节奏明显加快。无论是产品开发周期，还是产品的寿命周期都越来越短。在这种情况下，如何使企业在复杂多变的环境下生存和持续发展便成为企业管理的中心内容。这需要企业把目光从内部更多地投向外部，关注环境的变化趋势，并据此确定企业的发展方向。可见，企业外部环境的剧烈变化直接催生了战略管理。

**2．市场权力的转移**

20世纪50年代以后，由于科学技术的高速发展，社会产品供应量剧增，整个市场从原来的卖方市场转变为买方市场，在作为整体的消费者与作为个体的企业的交易谈判中，企业的谈判地位下降，导致市场权力从企业转移到企业外的消费者。决定生产经营何种产品和如何经营的权力已不在生产者而在消费者。这就迫使企业把目光从内部更多地投向外部消费者，更加关注消费的变化趋势，并据此确定企业的经营领域和发展方向。

**3．企业竞争的加剧**

20世纪50年代以后，随着整个市场从原来的卖方市场转变为买方市场，企业竞争日趋白热化。首先，竞争的层面大为增加。竞争的重点可能是价格，也可能是多样性与选择性，还有可能竞争的焦点是品质、售前或售后服务。其次，竞争的范围急剧扩大。随着贸易壁垒的瓦解，经济全球化的深入发展，企业竞争已经从本土化、国内化扩展到国际化、全球化。显然，为了在竞争中获取并保持竞争优势，企业必须实施竞争战略管理。

**4．企业结构的变化**

随着企业多元化经营的发展，企业规模日益扩大，企业管理幅度越来越大，管理层次越来越多。而且，科学技术的发展改变了企业的工作方式和企业的管理模式，不但使企业面临的环境面貌一新，而且使企业内部管理赖以存在的基础——科层制度发生了动摇，企业结构日益向网络结构转化。显然，以前的内部型或经营型管理模式已经不再适应这种多元化、大规模或虚拟化的企业发展了，客观要求企业运用能够使内部资源与环境匹配的战略管理模式。

#### 5．企业社会责任大大提高

进入20世纪以后，企业与社会的联系越来越紧密，社会需要企业承担的责任也越来越多。企业在考虑自己未来发展时，必须充分注意其活动对社会的影响，否则，社会将会通过各种渠道强迫企业承担社会责任。显然，考虑包括社会责任在内的所有外部因素的战略管理模式使企业适应了社会发展的需要，因而具有强大的生命力。

### （三）公共部门引入战略管理的原因

战略管理是应对现实需求，从长远考虑组织发展重大问题，并努力达到配置资源的一种管理过程。20世纪80年代公共部门的战略管理在私人部门战略计划及战略模式的示范影响下迅速兴起，正如休斯在《公共管理与行政》一书中的说法，公共部门战略规划途径兴起于20世纪80年代初，比私人部门战略规划途径的兴起晚了10余年；而公共部门战略管理途径的采用比私人部门仅仅晚了几年。[①]战略管理的兴起有其必然性，在理论与实践两方面都有充分的体现。

#### 1．从理论准备方面来看

在理论准备方面，战略管理的兴起可以被看作是对传统的行政管理思想失效的一种修正。传统的行政管理思想是建立在“官僚制”和“政治与行政二分法”的理论研究之上，其关注的重点是组织结构的有序性、政治决策执行的正确性和行政管理的高效性。这种理论研究视角已经不能适应公共管理的要求，迫切需要一种关注环境变化、具备长远战略思维的管理方式出现，新公共管理和公共部门战略管理的出现正好迎合了这种理论关注视角的转变。新公共管理的出现要求组

[①] 陈振明．公共部门战略管理途径的特征、过程和作用[J]．厦门大学学报（哲学社会科学版），2004（3）：5．

织重新审视自身目标、责任和使命，更加注重公共部门与外界环境的互动，这种互动取向要求组织努力学习、借鉴私营部门管理的经验，同时必须关注民众的不断变化的公共需求，公共部门战略管理理论是企业战略管理理论的一种成功借鉴，它的出现成功地改善了政府部门制定政策的短视行为，使其能够科学设定组织目标，制定可持续发展的战略规划并合理配置组织资源，以达到目标的实现。新公共管理的推动使人们再次对公共部门战略管理产生了广泛关注，同时战略管理又是新公共管理运动的一个重要组成部分，二者都进一步促进了管理理论的完善。

**2. 从现实实践方面来看**

在现实实践方面，战略管理可以被看作是应对复杂外部环境与公众要求不断提升的必然产物。

（1）全球化的进程促使战略管理迅速发展。信息技术的进步使得全球化的进程日益加快，网络化的信息交流使国家之间的界限越来越模糊，各国之间政治、经济、文化等多方面的合作使得世界逐渐融为一体，与之相对应的公共部门的管理范围也进一步扩大，公共管理所要应对的不再只是本国人民的要求，而是扩大到与该国家相联系的一系列的世界性问题。面对复杂的国际环境，公共管理部门需要做出长远的规划，从战略的角度考虑环境、能源、人口，甚至应对恐怖分子威胁等问题。

（2）私人部门战略管理取得的效果促进公共部门加速战略管理变革。受全球化发展和国际竞争加剧的影响，20 世纪 80 年代以来，许多企业在管理方面积极推进具有挑战性和创新性的变革，以便使自己能够在新的全球市场竞争中占有一席之地。私营部门的这些变化，从以下几方面对公共部门的管理改革起了极大的促进作用：第一，私营部门的管理理念和管理方式的变化直接对公共部门的管理方式产生了影响；第二，压力之下的私营部门要求公共部门变革其管理方式以适应前者的发展方向和促进经济的发展；第三，为保持国家的竞争力，政府也必须调整管理方式以适应这一变化。[①]

---

[①] 苏保忠，张正何．公共管理学[M]．北京，北京大学出版社，2004：141．

## 二、公共部门战略管理的发展历程

### （一）“战略”引进公共管理部门

战略一词最早出现于军界，这一词汇被引入工商管理后取得了神奇的效果，这些成功极大地刺激了公共管理部门，人们开始思考是否应该将战略一词引入公共管理。有人认为这是一种冒险，因为私营部门与公共部门在许多方面都存在巨大的差异，这些差异集中表现在追求的目标、管理的范围、生存的环境以及制约的因素等方面，因为存在这样巨大的差异，所以很多人持否定态度，认为战略不适应公共部门发展需求。当然多数学者是持肯定态度的，这些学者认为私人部门战略运用在公共部门都能够找到踪迹，比如私营部门战略管理经历的初级阶段，即预算与控制阶段在公共部门中早已广泛应用，并且公共财政收入与支出的预算已经成为公共管理的一个重要组成部分。战略的重要性被再一次强调，像纳特和贝克沃夫提出战略通过可指导战略行为的计划、策略、模式、立场和洞察力造就组织的中心、连贯性和目标。同时研究人员也再次肯定如果私营部门的方法在公共管理部门得到很好的应用，会有利于解决当时公共管理的具体问题。战略在公共管理中应该如何界定？战略是否应该引入公共管理？私营部门成功是否会在公共部门产生同样效果？这些都成为当时争论的焦点，但这些争论并没有阻止“战略”一词的引入，同样战略被应用于公共管理部门后，人们发现它需要进行适应性调整。

### （二）战略计划开始成为人们关注的焦点

通过一个阶段的试行，人们逐渐发现机械地照搬私营模式是远远不够的，只有对公共部门战略进行专门研究、合理调整才能更好地实现政府的职能，于是具有不同学科背景的学者们开始从自己的角度重新研究这门学科，公共部门战略管理就在公共行政学、公共政策学的研究基础上发展起来。起初的战略管理研究只局限于战略计划范畴上，忽视了战略执行及以后的一些环节。奥尔森和伊迪为其下了一个优异的定义：“战略计划是在宪政框架内，为制定那些影响政府行为性质和方向的根本性决策所进行的专业性努力。”[①]此时，战略计划被当作涉及高层管

---

[①] [澳]欧文·E．休斯．公共管理导论[M]．张成福，王学栋译．北京，中国人民大学出版社，2007：159．

理者的根本决策，是一整套用来协助高层管理者完成原定目标的概念、程序和工具，它很好地弥补了传统的公共行政学关注中低层决策，而忽视高层决策的缺陷。学者们通过对私营部门的学习，提出了公共部门的战略计划模式。具有代表性的是布莱森的八步骤计划模式：第一，开始制订战略计划过程并取得一致意见；第二，明确组织权限；第三，阐明组织任务和价值；第四，评估外界环境（机会和威胁）；第五，评估内部环境（优势和劣势）；第六，确定组织面临的战略性问题；第七，制定处理问题的战略；第八，确定有效的组织未来愿景。

20 世纪 80 年代后期，学者们发现，许多成功的战略并未产生预期的结果。战略计划在相对稳定的年代发挥了巨大的作用，但在经济现象复杂、市场灵活多变的年代便显露极大的弊端，计划的导向性与稳定性都受到了一定的挑战。这时学者们再次把注意力投向战略执行行为，并引入了“战略管理”一词。对战略执行行为的关注，意味着公共部门战略研究已经由战略计划阶段进入战略管理阶段。

**（三）由战略计划到战略管理的转变**

这一阶段受新公共管理运动和私营部门管理研究发展的影响，公共部门战略管理研究在方向、内容、方法等方面都发生了一系列的变化。杰克·科廷认为，为适应严重的财政紧缩时期的迅速、急剧的环境变化，公共部门战略管理开始不断演进、调整。它主要有 6 个方面的新变化：第一，出现了大量用于重塑政府或变革非营利组织的备选战略方案；第二，从侧重于战略计划转向关注战略执行；第三，战略计划过程分权化，许多项目管理者参与战略制定；第四，战略过程变得灵活；第五，在传统的战略计划的有限的，但为所有战略所共有的组织部分上，增加了新的战略特征；第六，政府和非营利组织间的相互依赖和合作。[①]

综合来看，公共部门战略管理的研究主要有以下一些拓展和创新：

战略概念的理解更加深入。战略由最初的军事领域逐渐扩展到私营部门企业管理中，私营部门充分应用战略思维，注重长远和周边环境，取得了巨大的利益。用休斯的描述是神奇的效果，正是这种效果激励许多学者将战略引入公共部门管

---

① 王雁红，詹国彬．公共部门战略管理研究的兴起与发展[J]．探索与争鸣，2003（9）：21．

理当中，并经历由战略计划到战略管理的转变。

对战略管理的新认识。战略计划侧重于一些管理学的方法、手段，技术性较强而整合性较差，而且许多私营部门的管理技术方法不适用于公共部门。由于战略计划发展于相对稳定的年代，在经济现象复杂、市场灵活多变的年代里显露出极大的弊端，这时公共部门战略管理应运而生。战略管理强调组织与环境之间的协调作用，提倡增强公共部门战略的不断演进和发展——从原先的关注战略计划转而注重战略执行。

对特殊战略的研究。对于一些普遍适用的特殊战略，比如公私合作战略、政府间合作战略、顾客导向战略等，学者们从不同角度对这些战略的内容、运作过程、方法、成效等进行了详细研究，对于当时的经济现状具有很好的指导意义。

## 三、公共部门战略管理与私营部门战略管理的区别

长期以来，公共部门就有从私人部门汲取管理方法的传统，现在公共部门使用的许多战略管理方法最初都是从私人部门发展而来。但是有很多成功的经验却在公共部门管理实践中嫁接失败了，经过研究发现其根本原因在于公共部门与私人部门在管理上存在着巨大的差异。由此也引发了一系列的研究，这些研究旨在找出将公共部门与私营部门区分开来的要素，然后确定这些差异产生的影响。学者佩里（Perry）和雷尼（Rainey）的研究发现，公共组织的独特需求限制了许多私人部门设计的方法——特别是那些用以决定使命和战略方向的方法。后来通过艾利森与纽斯塔特等学者的研究将私营部门与公共部门的区别分为环境、交易和程序 3 方面，同样这些差异都对公共部门战略管理的实施提出了不同于私营部门的特殊要求，造成了一定的影响。

### （一）环境因素

环境因素包括市场环境因素的影响，法律、制度、传统环境因素的影响和政治因素的影响。

首先，在市场环境因素中，私营部门的市场由顾客的购买行为决定，资金来源于收费，市场信号比较清晰，战略制定和实施可以全部依赖于市场变化，具有

相当强的自主性。但在公共部门，市场环境因素给予了相当大的限制。在资金方面，公共部门的资金来源于预算拨款，预算的申请、战略的制定和实施必须符合决策层权威成员的信仰和需求。就组织策略的隐蔽性而言，公共部门的战略毫无隐蔽性，并且公众要求其主动讲解说明战略意图，以获得民众的支持，同时还要寻求公众参与战略管理和监督整个战略过程，这在相当大的程度上限制了公共部门战略管理自主性的发挥。

其次，就法律、制度和传统环境因素的影响而言，私营部门在其战略运作过程中只需依法行事，例如遵守《不正当竞争法》《劳动法》等。而在公共部门中，多数组织活动包括预算的编制或执行、人员的晋升、资源的使用等都要在宪法和法律的规范下进行，授权和义务经常限制公共部门战略管理的自主性和灵活性，正如休斯在《公共管理导论》中提出的，在制定战略时，权限是重要的，公共部门的战略管理者必须根据法律重新审视自己所要做的事情。

最后，就政治环境因素的制约而言，政治因素对于私营部门的制约很小，但对于公共部门来说却很明显，原因在于公共部门战略规划的实施是多个政治集团博弈的结果，尤其公共部门存在对于预算拨款的依赖性。就像纳特和巴可夫所说："领袖的观点、议员和利益团体的直接操纵或对机构行动权利的正式反对都可使公共组织的财务陷入困境，而财务却是公共组织最重要的一环。"[①]因此，公共部门战略管理者在制定战略时，必须预期并增进谈判和讨价还价的机会，这样才能为应对外部影响、顺利执行战略打下基础。

### （二）交易因素

交易因素的影响包括交易的强制力、影响范围、公众审查 3 个方面。

#### 1．强制力

对于公共部门来说，其行动具有一定的强制力，这是由公共部门的强制性决定的。强制力来源于法律的授权，公共组织可以把这种强制力当成战略的重要组

① [美]保罗·C．纳特，罗伯特·W．巴可夫．公共和第三部门组织的战略管理：领导手册[M]．陈振明，等译．北京，人民大学出版社，2001：29．

成部分，而不用向私营部门一样依赖于向潜在的顾客出售服务。战略管理者在制定和执行战略过程中，应该认识到这种由授权而产生的强制力给他们带来的潜在的机遇。

2．影响范围

与私人部门相比，公共组织的影响范围要更为宽广，需要处理的社会事务更为广泛，因此它能够而且应该承担一些其他组织所不能承担的责任，其所有行动也都要注意考虑自身的后果，在采取战略行动之前需要努力找出反映外部环境要求的议题。

3．公众审查

公众审查的影响在前面已经阐明。公共部门与私营部门相比，需要更多的公众参与和公众审查，这源于公共部门本质属性——政治性，它的一举一动都要受到民众和舆论的监督。公共部门的战略是在公众面前指定的，它与私人部门在保密环境下制定战略的情况不一样，因而其制定程序也有差别。更广泛的参与机会对公共部门来说是必不可少的，对公共组织而言战略制定过程中的政治性，显示出大众参与战略制定过程和制定出好的战略一样重要。当然这就给战略管理的整个过程带来了一定的困难，尤其是将无法定量说明的战略规划向普通民众解释并获得理解和支持是件相当复杂的事情。

（三）程序因素

程序因素主要包括组织目标、权力限制、绩效期望、激励因素 4 个方面。

1．组织目标

公共部门组织目标与私人部门组织目标有所不同。作为私营部门，它的目标就是实现利润最大化，所有员工的绩效考评都是根据实现利润多少来衡量的，而利润又可以用金钱作为量化指标，因此所有员工和组织都明确地知道自己要完成的目标。作为公共组织，要想确定其目标就有相当大的困难，首先，公共组织所处的政治环境具有复杂性、多元性和不确定性；其次，各政治集团对于目标的实现有不同的衡量，正如纳特及巴可夫所说："公共组织通常同时有很多目标，这些目标大多数非常模糊且相互冲突。在大多数公共组织中，不存在一个可以衡量成功与否的‘底线’；相反，利益集团的需要、使命的变迁、重要利益相关者和第三方的操纵引发了一系列令人眼花缭乱的、经常相互冲突的期望。”[①]同时需要明确不同于私人部门的管理，公共管理不仅要追求高效率，更要追求公平、公正，需要平等地对待和尊重每一位公民的要求，必要时甚至要牺牲效率以换取公平。公共组织效率和公平的矛盾决定了在公共部门推行战略管理的必要性，公共部门在应对战略管理目标的模糊性的时候，必须找到目标的替代物，以克服目标的不明确及其潜在的威胁。

2．权力限制

在私营部门中，执行工作被授予有权力行动的权威人物，使其在一定空间内有充分的自主权，行动基本没有限制，同时可以灵活支配人员、控制管理资源，机构管理基本不受外界影响。但在公共部门情况却非常糟糕，公共组织行政官员的权力基础比私人部门的管理者要薄弱得多，得到的权力也小得多，战略管理者没有控制战略资源的权力，公共部门的机构管理受控于政府或政治团体下的行动，执行依据是利益相关者的决定。因此公共部门战略管理要学会应对有限的空间，并且需要辨明和管理战略行动所需要的资源。

3．绩效期望

在私营部门中，战略目标较为清晰，各组织、部门和个人目标界定相当详细，并且能以一定的数据加以量化，因此在绩效评估过程中，每个涉及的单位都有强烈的紧迫感，有很强的期望去达到绩效考评标准。作为公共部门，由于目标的模糊和不确定使其很难说明组织对绩效的期望。绩效期望的模糊不清也会引发一系列后果，一方面是绩效考评标准无法确定，这样将直接影响每个人的晋升、奖惩和薪酬评定；另一方面绩效期望的弱化会使公共组织中的紧迫感相对较弱，这样将会导致拖拉、推诿等现象出现，以致严重降低行政效率。因此面对绩效期望的

[①] [美]保罗·C. 纳特，罗伯特·W. 巴可夫. 公共和第三部门组织的战略管理：领导手册[M]. 陈振明，等译. 北京：人民大学出版社，2001：35.

弱化，要求公共部门在制定战略管理规划时要创造紧迫感，明确绩效目标并采取行动积极实现，同时需要注意管理指标必须是灵活的，并不断接受重新地检查和修改。

4. 激励因素

私营部门中的激励更多的是以物质激励为主，精神激励为辅。企业可以用丰厚的物质奖励个人对利润和相关指标的贡献，这也为促进目标实现提供了强大动力。但在公共部门物质激励不一定奏效。在公共部门雇员们对稳定的工作、被委以重任、权力和赞赏等的偏好要超过金钱的奖励。然而要给予这些奖励是十分困难的。同时还要注意公共组织对于激励机制反应较为迟钝，固有的程式化特点使其无法在制度创新方面取得很大的突破。因此制定战略时要发挥创造力，突破保守的制度化框架，找出与公共组织相符的激励机制。

## 第四节　公共管理内在发展的依据：公共资源

公共资源是公共管理的主要对象，公共资源管理问题是公共管理领域的重要课题。在我国经济和社会发展的快速转型期，资源稀缺已经成为遏制发展的最大“瓶颈”。如何实现资源的有效配置及合理利用是非常重要的任务。

马克思在《资本论》中说：“劳动和土地，是财富两个原始的形成要素。”恩格斯说：“其实，劳动和自然界在一起它才是一切财富的源泉，自然界为劳动提供材料，劳动把材料转变为财富。”[①]

### 一、资源与公共资源

马克思、恩格斯的定义既指出自然资源的客观存在，又把人（包括劳动力和技术）的因素视为财富的另一不可或缺的重要来源。可见，资源的组成要素，不仅有自然资源，还包括人类劳动的社会、经济、技术等因素，更包括人力、人才、智力（信息、知识）等资源。据此，所谓资源指的是一切可被人类开发和利用的

① 马克思恩格斯选集（第四卷）[M]. 2版. 北京：人民出版社，1995.

物质、能量和信息的总称。它广泛地存在于自然界和人类社会中，是一种自然存在物或能够给人类带来财富的财富。如土地资源、矿产资源、森林资源、海洋资源、石油资源、人力资源、信息资源。

在人类经济活动中，各种各样的资源之间相互联系、相互制约，形成一个结构复杂的资源系统。资源系统可从性质、用途等不同角度进行不同的分类。按资源性质可以分为自然资源和社会资源，前者指一切物质资源和自然过程，通常是指在一定技术经济环境条件下对人类有益的资源，又可以细分为可再生资源和非可再生资源；后者是直接或间接对生产发生作用的社会经济因素和技术因素，包括人力资源、信息资源等。按资源的范围又可以划分为广义资源和狭义资源两类，前者包括自然资源、社会资源等一切社会经济发展的要素；后者主要指以物质形态存在的有形资源。从管理的角度，学者们进一步把广义的资源划分为“条件性资源”与“要素性资源”或者“硬资源”与“软资源”，条件性资源包括环境资源、经济资源和社会资源等，要素资源可细分为有形资产、无形资产以及企业能力等。

作为公共管理主要对象的公共资源是有其特定含义和范围的。狭义的公共资源主要指公共物质资源，包括自然资源、公共设施等。广义的公共资源主要是指属于人类社会公有、公用的自然与社会资源的总和。也就是除了狭义公共资源的内容以外还包括公共信息资源、公共人力资源以及公共企业等社会资源。这些资源在名义上是每个人都可以享有的财物，但实际上任何人都不可能完整地占有它。一般来说，为一定社区的人们共同拥有的有形资源和无形资源都属于公共资源管理的范畴。

公共自然资源，即一定社会赖以存在和发展的各种自然性物质条件和基础，如矿产资源、水资源、土地资源、森林资源。这些资源属于国家所有，即全民所有，对它们的合理利用与开发、保护与再造对社会的整体发展影响极大。所以，理应成为公共管理中的重要内容。

公共设施是特定社区所有人们都可以享用和受益的物质性存在，如图书馆、学校、医院、城市道路、路灯、桥梁。如果不是一定社区所有人们都可以享用，仅仅是部分人可以享用的公共产品，则不一定属于公共管理的范围，所以，对大范围和更高级别的公共管理机构来说是公共财产的东西，对小范围和较低级别的公共机构必然是公共财产，但对小范围和较低级别的公共机构来说是公共财产的东西，对更高级别的公共机构却不一定是公共财产，但它们都是“公物”。

公共人力资源是由劳动力、人才形成的社会资源。在种种社会资源中，人力资源是最活跃和最宝贵的财富。因此，对于人力资源的利用、开发已经成为特定的公共管理机构非常重视的方面。人力资源的管理包括预测与规划、教育与培训、选拔与使用和配置与管理等诸多方面。

公共信息资源，即一定社区的人们共同拥有和可能享用的各种精神产品，包括文化产品、科技成果、经济信息等。人们一般把信息、物资、能源三者共同作为现代人类社会赖以生存和发展的基础，其中信息居于首位。可以看出，信息在现代社会中的作用愈加重要。信息资源有两大类：一是一定社区人们所共同拥有和可能享用的信息资源；二是只有局部范围内人们可享用的信息资源。只有前者才是公共管理的对象。

公共企业和公司。公共企业主要是指由国家投资兴办的国有企业。公共企业属于公民共同所有，它是用纳税人的税收和公共投资建立的。因此，对其进行良好管理是公共管理机构应尽的责任。当然，不同性质的公共机构管理的公共企业范围不尽相同。公共管理机构管理公共企业的基本职责之一是让其保值和增值，产生公共收益，这也是公共投资的目的。中国作为一个社会主义国家，具有庞大的国有企业和公共企业财产资源。

## 二、合理配置公共资源的现实意义

### （一）公共组织实现自身职能的基本方式

资源是一个组织生存和发展的基本要素，是组织可持续发展的重要保证，也是组织核心竞争力的保证。无论对于营利性组织还是非营利性组织都是如此。就公共组织而言，资源配置是政府实现其自身职能的一种方式，其核心就是如何把有限的或稀缺的公共资源配置到最需要的地方，从而使资源得到最有效的利用。其主要内容包括对公共物质资源以及公共权力资源的配置目标、配置方式以及相关的政策法规体系的构建、配置主客体的管理等。

**（二）解决经济社会发展“瓶颈”的根本出路**

公共资源是社会发展的基础要素，公共资源的合理配置是经济、社会均衡发展的首要条件。实际上，中国为过去 40 年的“经济奇迹”付出了沉重的代价，高速的经济发展是不断向自然资源拼命索取和透支的过程。当前，急剧推进的工业化和城市化进程造成了人口与资源矛盾空前尖锐，产生了大规模的生态破坏和十分严重的环境污染问题。经济系统增长的无限性与资源生态系统供给的有限性矛盾日益突出，当前只有依靠公共资源的合理化配置，才能解决我国发展过程中的环境污染、能源、民生、基础设施建设以及城乡发展等问题最终实现，在时间和空间上最优利用和分配公共资源，合理布局生产力，达到经济持续发展和资源永续利用，推动社会和谐、稳定、健康地发展。

**（三）公共管理价值取向的重要体现**

公共资源管理的价值取向对于一系列社会公共问题的解决具有重要的影响。由于公共资源的竞争性和对于公共福利和公共利益的直接相关性，政府必须在公共资源的分配中发挥积极作用，保证公共资源真正能为其实际归属者——社会公众提供公共福利或利益，体现政府在公共资源管理过程中的“民本”价值取向。政府部门对公共资源的合理利用会向社会传递一种积极正面的引导信息，在社会再分配领域起着重要作用的政府公共部门，其合理、有效的资源利用也将影响人们对社会公平正义的殷切期盼。

# 第三章　公共组织的现代化发展与变革

## 第一节　公共组织的内涵、结构及类型

### 一、公共组织的内涵

#### （一）组织

组织是社会的细胞。具有某种共同目标的人总是以各种不同的方式，聚合到各类不同形式的组织之中，成为其中的一员，大家相互合作，共同行动，通过集体的努力来实现目标，达到单个人所无法达到的目标或无法企及的结果。从社会发展史来看，组织产生于人类的生产斗争和社会斗争之中。最初出现的人类组织是家庭、氏族、部落，以后逐渐产生了阶级，出现了国家，国家将其领域内的每个成员都编入一定的组织。从人类社会群体的角度看，所谓组织，就是人们按照一定的目的、任务和形式编制起来的社会集团，是处于一定社会环境中的各种组织要素的有机结合体，是为了实现某种目的而有意识建立起来的人类群体。因此，组织就是指人们为了实现一定的目标、互相协作结合而成的集体。

#### （二）公共组织

在现代社会中，组织所追求的目标有公共目标与非公共目标之分。据此，人们可以把组织划分为公共组织和非公共组织。公共组织是指不以营利为目的，以追求公共利益为其价值取向，以协调公共利益关系、提供公共服务、管理公共事务、维护公共秩序为基本职能的组织，它一般拥有公共权力或者经过公共权力的授权，负有公共责任。行政组织是最重要的公共组织。公共利益是公共组织发展的逻辑起点和终点，公共性是公共组织的本质。非公共组织一般不以公共利益为目标，它们所追求和维护的是组织成员的私人利益。

与其他社会组织一样，公共组织的构成要素包括物质要素和精神要素两大类。物质要素主要包括人员、经费和物资设备。精神要素主要包括目标、责权结构和

人际关系。

### （三）公共组织的特征

公共组织是以实现公共利益为目的、以管理公共事务和提供公共服务为基本职能的社会组织。公共组织的特殊性，在于其“公共性”，这种公共性集中体现在其组织目标和组织基本功能上，同时也会影响到组织的形成过程、组织的规划和组织的效率等方面。

#### 1．以增进公共利益为目标

公共组织建立的目的与动机是为了增进公共利益，因而追求全社会的公平、公正以及行为的公开就必然成为其一切活动和措施的基本准则。公共组织依据这一基本准则来为全体公众服务，并以服务的质量好坏来评判组织工作并取得公众的拥护和支持。

#### 2．公共组织的活动受法律的明确限制并具有权威性

任何一个公共组织的建立、撤销都以宪法和法律为根据，并要依据宪法和法律开展活动。公共组织的任务、责任、权力是由宪法和法律赋予，公共组织成员的职责、权利、义务，行使职权和实施管理的原则、方式、方法、程序等，都必须以法律为基本依据，不得超越宪法和法律所规定的范围。同时，公共组织的公共管理活动是以行使公共权力为基础，因而带有强制性，如果不服从就要受到制裁。

#### 3．公共组织受到高度的公共监督

公共管理通过行使公共权力来管理公共事务、协调和维护公共利益、提供公共服务。因而，公共管理活动关系到社会公众的利益，受到社会公众的高度关注，必须接受来自舆论或公众的批评与监督。这就要求必须完善和发展公共组织的公共责任机制，强化公共监督，包括建立和实行严格的政务信息公开制度、公职人员财产申报制度、政府采购制度和重大工程公开招标制度等。

#### 4．公共组织的活动具有政治性

公共事务分为政治的、经济的和社会的事务，是关系社会全体公众利益的，也是关系到整个社会大局的事务。因此，公共组织在进行公共事务的管理中，不

仅政治方面的事务具有政治性，就是经济和社会方面的事务，由于其具有全局性的特点，关系到整个社会的安定与发展，其后果也在相当程度上带有政治性。公共组织本质上是社会公共利益的代表和体现，这种整体性、全局性和通过行使公共权力解决问题的方法，都是政治性的充分体现。

#### 5．公共组织的目标形式上清楚但实际中模糊

公共组织以增进社会公共利益作为组织目标，但由于公共利益大多是抽象的，加之人们对公共、公共利益以及多大范围内的或什么样的共同利益可以作为社会公共利益存在着不同的看法，因而公共组织的这一目标在实际中又是模糊不清的。相应地，公共组织的活动结果是否达到组织的基本目标，公共组织人员是否公正公开、顺应和体恤民意等公共组织绩效，也是比较难以通过准确量化的指标进行评估的。

#### 6．公共组织具有一定的独占性

公共组织的独占性是指公共组织在公共管理中具有一定的垄断性。这一独占性主要表现在：在计划经济条件下，公共组织可以通过政治权威或公共权力的行使而生产公共物品或服务，不允许私人加入竞争，从而形成一种独占公共物品生产或服务的局面。在市场经济条件下，一方面，由于公共物品涉及社会公共利益，政府必须在总体上对这一物品的生产进行必要的控制；另一方面，由于公共物品的无排他性和无竞争性，只能由政府组织来负责。因而，公共组织尤其是政府就成为公共物品唯一的生产者，客观上没有竞争，相当程度上变成了这一领域的独占者。

## 二、公共组织的结构

公共组织结构是指公共组织各种要素的一种特定安排，即公共组织各要素的排列组合方式。公共组织结构有纵向结构和横向结构，纵向结构形成公共组织的层级制，横向结构形成公共组织的职能制。它们各有优缺点，互相制约，互相补充，缺一不可。

### （一）公共组织的纵向结构

公共组织纵向结构分工的职责分配关系是：最高层次的公共组织为决策层，负责制定本部门行政的总目标、总方针、总政策和总的实施方案，负责本机关人、

财、物总的分配及其政策，以尽最大努力满足社会对本部门的需要，最优地完成本部门的工作目标。因此，最高层次的公共组织，是一个开放的、面向社会的公共组织。

中层公共组织为协调指挥层，负责执行本部门最高公共组织制定的总决策、目标、方针和政策，以此为依据结合本单位具体工作对象的实际，制定本单位的具体工作目标、工作方案，并负责组织、协调、指挥等实施工作。

基层公共组织为技术操作层，其任务是执行中层公共组织的实施方案，在中层公共组织的协调、指挥之下，负责具体的带技术操作性的工作。其组织基本为封闭型，采用什么技术方法执行任务，纯属公共组织内部问题（如图 3-1 所示）。

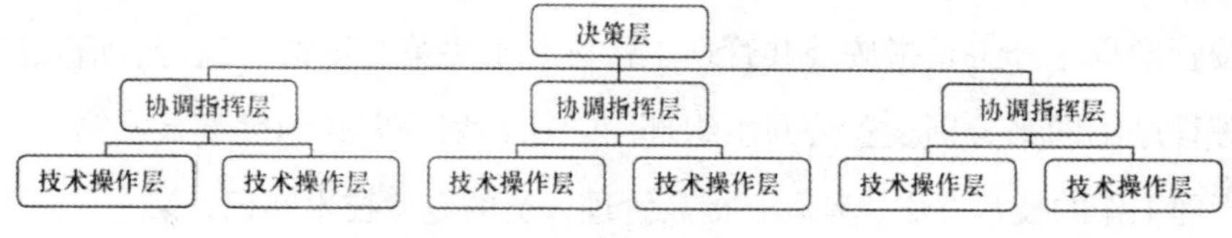


**图 3-1 层级领导关系**

公共组织纵向结构形成的公共组织层级制，在公共组织运行中有其优缺点。

其优点是：第一，分层负责，使各级政府在各自管辖地域范围内，能做到事权集中，统一指挥；第二，行动迅速，能及时地根据本地情况做出决策，就地组织实施，并有利于就地监督、控制；第三，能发挥各个层级公共组织的积极性、创造性，根据本地实际情况主动开展工作；第四，各层级行政首长负责全面管理工作，有利于培养全面型的管理人才。

但层级制也有缺点：第一，各层级行政首长管辖事务过多，责重事繁，难以事事精通；第二，容易形成地方的块块分割，不利于各地经济和文化的交流与发展；第三，容易犯地方主义的错误，不利于中央对地方的宏观控制。

### （二）公共组织的横向结构

公共组织横向分工的种类，一般常用的分类方法有下列 3 种：

#### 1．按业务性质分工

按业务性质分工是指按公共管理的业务性质异同来组成公共组织单位。这种划分方式的优点是：第一，符合分工专业化的原则。每个部门只负责某一项业务工作，有利于工作人员熟悉本专业工作，以提高管理效率；第二，有利于统一管理业务的方针、政策和法规。同一性质的业务由同一单位管理，使公共组织易于统一同一类业务性质的方针、政策和法规，避免政出多门的混乱状态；第三，体现事权一致的原则，便于协调。

按业务性质进行分部化也有缺点：业务事权过于集中，容易形成条条分割，不利于不同业务性质工作之间的合作、协调；分工过细，易造成部门林立；有些业务性质混淆不清，不易做出明确的划分，易产生组织冲突。

### 2. 按管理程序分工

按管理程序分工是指按公共管理工作过程中决策、咨询、执行、信息反馈和监督等程序不同来分别设置公共组织部门。这种划分方式的优点是：第一，注重公共管理工作的技术方法，有利于提高管理人员的专业技术知识；第二，由于从事该项工作采用同样的技术设备、工作程序，有利于节省人力、物力、财力；第三，使公共管理中的重要程序有专门机构去完成，有利于提高公共管理的整体效能。

按管理程序进行分部化也有其缺点：工作人员易产生重技术、轻政策，重过程、轻目的的倾向；在使用上有一定的局限性，只能对那些有较大独立性的程序才可以设置部门，而多数工作程序则无法独立出来。

### 3. 按管理对象分工

按管理对象分工是指按公共组织服务的人群、财物为对象进行的部门设置。这种划分方式的优点是：第一，根据服务对象分工，可使公共组织统筹考虑，满足其管理对象的需要；第二，群众对公共组织的职责一目了然，易于沟通和监督。

按管理对象分部化的缺点是：随着管理对象的日益增多，势必导致公共组织部门林立，不利于精简节约；容易忽视甚至割裂管理对象之间的相互联系，可能产生综合性的工作无人管理的现象；容易造成本位主义，考虑问题从本部门利益出发，有碍于整体的利益；按服务对象划分部门往往与按业务性质划分部门产生重复、交叉关系，可能出现互相推诿责任、踢皮球的情况，降低了工作效率。

### （三）公共组织的主要结构形式

公共组织的结构形式，主要有直线制、职能制、直线职能制和矩阵制四种。

**1．直线制**

直线制组织是按照垂直系统建立组织形式，各级领导执行统一的指挥和管理职能，不设专门的职能机构。纵向直线是管理层级，横向是辅助职能科室。直线制组织的主要优点是：线条清楚，单一领导，结构简单，关系清晰，上下级权责明确；政令统一，行动迅速，决策快，效率高。其主要缺点是：缺乏专业化的分工管理，行政首长日理万机，往往顾此失彼；由于权力集中，且受专业、个人素质等方面的影响，难以保证领导、决策、指挥不出现失误；由于信息只沿上下直线传递，对横向协调、沟通不利。

**2．职能制**

职能制组织是在行政主管的领导之下，按专业分工设置管理职能部门，各职能部门直接对行政首长负责，并在其业务范围内对下级有指挥、协调、监督的权力的组织形式。与直线制组织相比，职能制组织的优点是：实行了专业分工，解决了主管领导对专业指挥的困难，使其能集中精力处理本组织中较重的问题，适应了现代行政管理活动复杂化的需要。其缺点是：各职能部门都有指挥权，易造成多头领导或多头指导，出现政出多门或者相互推诿的现象，妨碍统一指挥，增加协调的困难，造成管理上的混乱。

**3．直线职能制**

直线职能制组织是以直线制为基础，在行政首长领导之下设立相应的职能部门，分别从事专业管理，作为该级领导的参谋。参谋部门只替领导充当助手，对下级不能发号施令，没有决策权。直线职能制组织吸取了直线制和职能制两种结构的优点，既具有直线制组织统一指挥、职责清楚、秩序井然、效率较高、组织稳定的优点，又具有职能制组织专业化分工、适应性强的优点，更有利于组织效率的提高。其主要缺点是：直线的指挥系统与专业化的职能系统之间容易产生矛盾，使组织运转陷入混乱；各职能部门的横向联系较差，容易产生脱节或冲突。

4．矩阵制

矩阵制组织又称“专案组织”，是由纵向的职能系统和横向的项目系统交叉形成的组织形式。矩阵制组织的主要优点是：可以迅速地对环境的变化做出反应；可以在各个不同的项目之间，共享稀缺且通常非常昂贵的人力资源和实物资源；有利于获得各种有效的信息；有利于发挥专业人员的潜能；有利于加强各职能部门的横向联系，实现各种专业人员优势互补，发挥综合优势。其主要缺点是：由于组织成员同时接受两个方向的指挥，当两个上级意见不一致时，会使工作人员左右为难，无所适从，产生指挥和协调的问题；另一方面，由于组织内部职权关系的模糊性，为此要求组织的管理者具有高水平的协调、合作和沟通的技能，同时其组织成员也必须具备高水平的人际交往技能。“矩阵型结构最适合于环境变化大且目标反映双重的要求（如对产品和职能的双重目标要求）的组织中。”①

## 三、公共组织的类型

现代社会是一个高度组织化的社会，公共组织是公共事务的管理者和公共服务的提供者。能否建立起科学合理的公共组织，是保证公共管理活动能否顺利进行的重要前提。公共组织本身是一个极为复杂的组织系统，依据不同的标准可以划分出不同的类型。对于公共组织的分类，公共事务管理指向的是多元的利益关系，仅靠说服、动员等手段难以达到目标，事实上更多的公共事务管理是依靠公共权力的强制性来完成的。因此，以公共组织所拥有权力的强制性的大小来划分公共组织，相对其他标准而言，更能揭示公共组织的本质特征。按此标准，公共组织可分为以下 3 种类型：

### （一）强制型公共组织

强制型公共组织主要是指政府部门。强制型公共组织的主要特点之一就是根据宪法和法律的授权，依靠公共权力对公共事务实行强制性管理。它对某一事务做出裁决，有关组织和个人必须遵守，否则将受到惩罚。例如，企业组织的登记与注销必须接受工商管理部门的管理，纳税人必须接受税务管理部门的管理，逃

① [美]理查德·L．达夫特．组织理论与设计[M]．北京，清华大学出版社，2003：121．

避管理必将受到处罚。

**（二）半强制型公共组织**

在市场经济条件下，政府管理是“有限管理”，即在“市场失灵”的一定范围内实施管理。半强制型公共组织在实施管理时更多地依靠市场手段而不是行政手段，它们的管理行为对当事人有一定的强制性，要求当事人遵守。但是，这类公共组织的强制性在一定程度上是可对抗的，当事人也可拒绝裁决。这类公共组织的典型是各种形式的仲裁委员会，在通常情况下，委员会的裁定要求当事方遵守。但若当事人对裁决结果持异议，他不一定要照章执行，而是可以向法院起诉，法院裁定才是最终的裁定。此外，消费者权益保障委员会、各种行业协会等也是现实生活中人们常接触到的半强制型公共组织。

**（三）非强制型公共组织**

除上述两类公共组织以外，还有一类公共组织不仅数量多，而且同时承担着重要的公共事务管理任务。非强制型公共组织的最大特点是非强制性和服务性，其中多数是非营利的组织或第三部门。非强制型公共组织主要是各种院校、社区学校、研究所、基金会、医疗保健机构、文化和科学技术团体、各种咨询服务机构等。

## 第二节　公共组织的环境分析

公共组织环境是公共组织外部所有能够直接或间接对组织存在与发展产生影响的因素的总和。公共组织只有不断地与其环境进行能量、信息交换，把投入转变为产出，才能生存和发展。弗莱蒙特·E. 卡斯特在《组织与管理：系统方法与权变方法》中指出：由于社会变得越来越复杂，动态性越来越大，组织就需要对环境力量给予更多的关注。

### 一、公共组织环境与行政生态学

对公共组织环境进行研究的直接源头来自于生态学。1947 年，美国哈佛大学高斯教授发表了《政府的生态学》，他以生态学的理论和方法研究行政现象，强调结合外界客观环境因素及作用来研究国家行政管理。1961 年，美国夏威夷大学东西方文化研究中心教授利格斯出版了《行政生态学》一书，他根据社会制度在功能方面的分化程度，把行政系统分为 3 种类型，即与农业社会环境相适应的“融合型”行政模式，与从农业社会向工业社会过渡的社会环境相适应的“棱柱型”行政模式，与现代工业社会环境相适应的“衍射型”行政模式。在行政生态学的研究中，公共组织如同处在生物圈中的人一样，既受生态环境影响，同时又影响生态环境。

按照现代组织理论，组织环境可分为一般环境和具体环境。一般环境是指对一切社会组织都产生作用的各种因素，主要包括政治、法律、经济、科技、教育、文化、人口、自然资源、社会，它决定着组织功能、结构和运行。具体环境则直接影响个别组织，它是指那些与具体组织过程相关的特殊环境因素。

## 二、公共组织环境的内容

### （一）政治环境

政治环境主要包括政治体制、政治权力、国家结构、政党制度、公共政策、政治变革等方面。它们对公共组织的影响表现在：政治体制确定了公共组织在社会政治生活中的地位和作用；政治权力划分赋予了公共组织或多或少的影响力和约束性，并勾勒出不同组织之间的政治关系；国家结构形式决定了各类公共组织的活动范围；政党制度使部分公共组织能够以强有力的集体行动参与公共决策；公共政策是组织政治活动的结果，也是公共组织施加影响的工具，公共政策为公共组织之间、公共组织与其他组织之间提供了相互影响、进行妥协和解的通道；政治变革引起公共组织结构、功能、整体的变化。

### （二）经济环境

经济环境主要包括经济体制、经济利益、经济实力、产业结构等方面。它们对公共组织的影响表现在：经济体制决定了公共组织的行为方式，与计划经济相比，在市场经济条件下行政组织干预社会的范围会有所收缩；经济利益决定公共组织目标，不同组织都以维护自身经济利益为根本目的，因而介入社会生产链的公共组织更侧重于效率目标，介入社会分配链的公共组织更侧重于公平目标；经济实力为公共组织提供了权力来源，经济实力越强，组织对公共决策的影响就越大；产业结构影响着公共组织的发展，产业结构的调整会带来资源与财富的重新分配，因而产生新的公共利益和领域，迫使公共组织进行结构的重建或目标的重塑。

**（三）文化环境**

相对于政治环境和经济环境而言，文化环境对公共组织的影响较迟缓，但它的作用时间比较长。文化环境主要包括认知水平、价值观、意识形态、行为规范、道德传统等方面。它们对公共组织的影响表现在：认知水平决定了公共组织对公共问题的认识和处理方式；价值观决定了公共组织对待社会事务的态度；意识形态则使公共组织的政治、经济利益目标更加鲜明；行为规范左右着公共组织以合法合理的方式与其他组织进行交流沟通；道德传统使公共组织不依靠外在强制力就自觉地规范自己的行为。

**（四）技术环境**

技术环境主要包括经验技术、实体技术和知识技术等方面。不同的技术支持着不同类型的组织，当今的信息技术正从多个方面影响着公共组织，具体表现在：信息技术的应用使组织最低层与最高层之间可及时、方便地进行信息交流，从而不再需要过多的管理层级，使得集权化层级结构让位于扁平化结构；信息技术以及其他新技术的应用使组织过程缩短，组织效率提高，适应能力增强；计算机网络的出现使公共组织管理方式发生了变化，科层制的上级控制管理正逐步转向下级自我管理，质量小组、自发工作小组以及以项目为导向的组织日渐增多。

## 第三节　公共组织的变革

在新公共管理的改革中，无论是从效率模式还是从功能模式出发，与私营部门相比较，政府组织总是以缺乏效率、灵活性和回应性的形象出现。同时，政府组织处于公众严密监督之下，在各方面的批评声中面临着巨大的压力，不得不寻求革新之路。公共管理改革的战略措施包括政府权力下放、缩减政府规模、减少繁文缛节、提高决策能力、增加行政的自由裁量权、鼓励采用私营部门管理方法、结果导向、更加重视绩效测量和使政府责任更加透明化。这些改革已经改变了行政文化的内涵，并推动政府管理者在其工作职责中更加重视对政府效率（Efficiency）、效果（Effectiveness）和问责（Accountability）的追求。

对于中国来说，政府组织是社会管理的主体，政府组织的变革，必然也会带动其他组织的变革。因此，政府组织在对自身进行变革的同时，还要通过精心的设计，从社会治理发展的角度出发，主动引导事业单位、社会组织等其他公共组织的变革。

## 一、政府组织变革

在国家形成与发展的过程中，政府组织从一开始就扮演着非常重要的角色。政府组织以什么样的组织形式，如何进行社会管理，与其他社会组织的关系如何处理等问题，都是政府组织时时刻刻必须思考的内容，并且要根据社会环境的变化，及时进行变革。

在新的形势下，党和政府提出要全面深化改革，完善和发展中国特色社会主义制度、推进国家治理体系和治理能力现代化。因此，政府组织需要围绕国家治理体系与治理能力现代化建设这个总体目标，从组织的视角加强自身建设，推动其他公共组织的建设与发展。

### （一）创新社会管理机制，变唯一主体为多元主体

现代政府管理的主要任务，是运用庞大的公共资源，根据社会公共需要，为公共利益最大化提供公共产品和服务。在这个过程中，依靠单一的政府组织无法完成这个任务。与此同时，公众是公共服务的接受者，对公共服务的需求配置安排以及公共服务质量好坏有切身的感受，公众参与能够直接反应社会需求，为政府以切实可行的安排满足社会需求提供有效参数。

在公共管理改革中，政府组织主要集中于掌舵性的职能，如拟订政策、建立适当的激励机制、监督合同执行等，将一些公共服务职能转移给社会，引导多元主体为实现公共利益目标服务。因此，政府部门要摆脱传统思维，抛弃自身利益，

对各种多元主体、特别是在公众参与基础上形成的公共组织持支持态度，大力扶持其发展，保持其相对的独立性，发挥其独特的作用，形成多元主体共同参与的治理体系，提高社会的治理能力。

在政府组织改革中，要进一步转变政府组织职能，为其他治理主体承接政府职能提供空间。在治理环境中，非政府组织等其他治理主体对政府职能的承接是以政府组织职能的实质性转移为前提的。因此，在改革中，要进一步转变政府组织职能，政府组织要从满足社会基本服务需求出发，集中力量履行好医疗、卫生、教育、社会保障等服务职能，同时从一些社会领域中退出，把本应由社会自我管理的领域交给其他公共组织来管理。

**（二）减少管理部门与层级，推进政府组织扁平化改革**

20 世纪 80 年代以来，私营部门在市场竞争、顾客导向和信息技术发展的影响下对组织结构进行了重组，在传统的集权化层级结构之外出现了扁平化组织结构。在扁平化组织中，“生产单位被赋予了企业家精神，它保持一定程度的自主性，以便能够快速和充满灵活性地进行生产，同时又对市场不断变化的要求保持高度敏感。”[①]在借鉴私营部门组织重构经验基础上，政府组织对集权化的层级结构也进行了改革，改革的重点是强调放松管制和权力下放，减少自身管理层级，合并职能部门和机构，裁减冗员，控制组织规模，将行政组织资源尽可能地推到公共服务前沿。

在当代的治理模式下，政府组织扁平化的改革主要在两个层面开展，一方面是在中央政府组织构成中实行大部制改革，即在政府的部门设置中，将那些职能相近的部门、业务范围趋同的事项集中起来，由一个部门统一管理，最大限度地避免政府职能交叉、政出多门、多头管理，从而提高行政效率，降低行政成本。大部制改革已经成为一种世界潮流，并取得了显著的成效。另一方面是各国积极探索减少行政管理层级的方法，向下放权。在行政管理层级方面，世界上绝大部分国家实行的是二级或三级制。

---

[①] [加]加里斯·摩根．驾御变革的浪潮：开发动荡时代的管理潜能[M]．孙晓莉译．北京：中国人民大学出版社，2002：74．

我国现在政府组织部门设置较多,“县级以上各级人民政府均下辖相当数量的下属机构,机构设置名目繁杂,数量众多,如办公厅(室)、职能机构、直属机构、直属事业单位、办事机构等,以及各种各样为处理临时性问题设立的临时机构,以及为协调、处理、解决机构间的问题和矛盾而设立的各种各样议事协调机构等单位或机构。”[①]与此同时,政府组织的管理层级设置也较多,仅在市一级政府,就有市、区、街道办三级架构,如果市级政府设置了某一个职能部门,下面的每一层级政府都要设置相应的部门来对口衔接相关业务,这不仅会造成机构臃肿、资源浪费,也会降低管理成效。

当前以互联网为核心的连接人类社会活动的网络社会正在形成,网络社会具有与传统社会本质不同的结构和特性。就结构而言,网络社会在横向体现为非中心性,在纵向体现为非科层性,而从网络社会的特性而言,还具有跨时空性与超流动性等特点。

网络社会的发展,必然会对政府组织的形式产生影响。例如从横向的改变来看,由于信息传播与处理能力的大幅度增长,网络办文、报告、审批、决策等技术条件越来越便利,管理者的管理幅度(每个管理者直接面对的下属数)可以大幅度的增长,直接反映在组织结构层面上,就是每个专业化部门管理的领域会越来越大。那么,一个自然的结果是整个组织结构会变得比原先要扁平,原先需要三级管理体系的可能二级就可以了。这就为政府组织的扁平化改革提供了技术基础。

### (三)加强问责建设,适应组织内外责任管理需要

在公众参与发展过程中,公众意识到自己不仅是公共服务的接受者,也是“买单者”,因而要求政府部门在管理中更加透明,对更加广泛的公众参与及时做出回应,并且接受公众的问责。

从政府组织重构的改革内容来看,如在行政组织扁平化改革中,放松管制和权力下放意味着公共行政责任出现分散和行政人员的自由裁量权将得到增加,对这些自由裁量权的使用如何进行监督是从公共管理内部到外部各界普遍关心的问

---

[①] 杨桦. 公共行政发展与我国行政组织结构的问题与优化[J]. 广东行政学院学报,2012(3):58.

题。在扁平化组织中，管理者为了维持组织的有效运转，必须寻找新的控制方式。管理者必须认识到反馈系统的重要性，因为它帮助人们掌握信息但又无须进行直接的业务控制。私营企业依靠财务数据的反馈实施管理控制，而公共管理有效的反馈系统则是问责，如在政府组织重构的改革中强调对工作责任的明确分配并确定清晰的报告路径，多方面建立问责控制系统。

新公共管理的变革措施影响到了行政问责的变化，当政府组织从传统的依赖制度和程序的管理方法向增加弹性管理、放松管制和借鉴企业方法转变的时候，行政问责的内容也发生了改变。在新公共管理中，行政问责的内涵已经不仅限于政府就公共资源的一般管理及使用做出说明，它还包括政府必须围绕如何有效率和有效果地管理及使用公共资源做出说明并承担政策及决策的责任。新公共管理对行政问责内容的影响主要表现在使得问责重点从行政过程问责（Process Accountability）转向更为重要的行政结果问责（Results Accountability）。

“结果导向型”行政问责要求政府组织在组织内部要建立新的责任评价体系：有清晰的行政结果是否完成的判断指标；有推进行政结果实现的绩效评价体系；建立了常规的相关资料收集方法；建立了对行政内部决策和公众质询周期性的信息收集和分析体系。

在西方国家，围绕公众与基层政府部门进行沟通的途径，有多种多样的公众团体参与问责的形式，如社区服务组织、非政府组织、社区协会、研究机构等。这些公众团体能够增加公众表达意见的渠道，并说清楚公众的利益所在，保证了公众意志更能引起相关部门的重视，并最终使公众意志得到体现和维护。同样，在我国的环境保护中，在现有的乡镇污染预防中，由于村民在环境和法律知识、舆论影响能力等方面处于绝对劣势地位，因此，较为可行的办法是引入环保组织等社会组织，通过环保组织帮助村民进行监督和举证，并与政府部门进行沟通，提高公众问责的效率和有序性。

在建立政府部门与公众问责的沟通回应制度中，政府部门接受质询的强制性、沟通程序的可操作性和沟通多途径的设计是制度具备可行性的关键因素。与此同时，我国目前急需构建以政府组织为主的公共组织及其运行的评价体系，“以此审视公共组织的行为是否体现了公共性和公共利益的要求，是否能够有效回应新时代治理环境的挑战，是否有效回应了民众的需求，是否需要实行改革以进一步优化公共组织的结构和运行过程”[①]。

**（四）注重人性的特征，对科层制理性原则进行必要的补充**

在以科学管理原理、科层制为代表的古典组织理论中，组织形式是以理性为基础，组织模型设计偏向于机械模型。这个模型把组织作为可操作部件的结构，每个部件都可以单独改变，以提高整体的效能。由于理性系统强调的是结构特征而不是参与者的特征，泰罗和韦伯把组织隐喻为“机器”，把组织中的人隐喻为“齿轮”和“螺丝钉”，因此，理性系统视野里的价值观是“没有人的组织”，或者说将组织里的人也视为是“机械的人”。

理性组织适用于以生产线为主的大规模制造业生产，能够有效地提高效率。但是，政府组织主要是与人打交道，无论是政府内部的指挥协调、考核奖惩，还是政府与外部的沟通服务，都会面对复杂的人际关系状态变化，以绝对静止的、封闭的理性原则去对待千变万化的人际状态，就会使得组织管理面临诸多的矛盾与冲突。

组织理论研究已经揭示，人不仅是“经济人”，也是“社会人”，还是需要“自我价值实现的人”。人在组织活动中，除了需要制度纪律进行约束规范以外，还需要人际沟通与情感交流。组织要提供一个正常的人际沟通与交流环境，通过人性化管理措施的注入，在组织中形成良好的人际关系状态，以提升组织的凝聚力。

在现代治理环境中，政府组织需要时刻关注外部的公众需求变化，而科层制具有天然的将自身与公众隔绝的惯性。科层制“由于强调集权主义，强调下级对上级在职务上的绝对服从，从而抑制了员工的积极性和创造性。而官僚制对官员队伍的专业化和专家治国的强调，更是将理性无知的社会民众排斥在政府行政之外，从而在某种程度上剥夺了基层成员的公众参与权利，使行政失去其民主特质”[②]。科层制演变成了排斥公众的“官僚主义”。

---

[①] 张成福，李丹婷，李昊城．公共组织及运行评价的国际经验与启示[J]．北京行政学院学报，2012（2）：41．

[②] 彭新武．从官僚制到后官僚制：当代公共组织范式的嬗变[J]．哲学研究，2010（5）：121．

在适应民主与公平正义等现代价值理念的氛围中，政府组织必须对科层制的理性原则加入人性化的内容。在注入人性化管理措施的过程中，政府组织不仅要关注内部自身的需求，更为重要的是要关注服务对象与社会公众的人性需求，努力通过组织变革来适应公共服务中多样化的人性需求。

## 二、事业单位变革

西方国家推动准政府组织的发展，主要是基于两个方面的考虑。一方面，是政府组织以科层制为基础，具有稳定性，但是在发展中又出现僵化陈旧、缺乏灵活性的特点。随着社会的发展，现代社会中公共事务变得越来越庞杂和多样化，需要具有灵活应变的组织去解决方方面面的需求，同时减轻公共财政负担。“NGO（非政府组织）的大量涌现更多是为了解决社会性的基层事务，而准政府组织则带有一定的政府背景，在较高层次的公共行政问题上发挥着更大的作用。”[①]另一方面，对于科技、教育、文化、医疗卫生等领域的管理，需要有较高的专业知识背景，以专业人员为主构成的准政府组织有利于实行专家管理，取得更好的成效。

我国事业单位的发展，虽然取得了巨大的成效，但是由于从一开始就是仿照行政组织进行组织形式设计与管理，所以在组织形式与管理上与行政组织没有本质的区别。科层制所拥有的弊端在事业单位都可以找到，诸如官本位意识、机构自我扩张、服务效率低下等问题普遍存在，而事业单位的公共财政支出十分庞大，构成了沉重的财政负担。因此，我国对事业单位进行了多次改革，取得了一些成效，但仍然面临着艰巨的任务。

从公共组织视角来看，我国事业单位的改革，需要突出解决以下几个方面的难题：

### （一）保持事业单位组织形式的灵活性，改革机构设置的行政化倾向

事业单位行政化首先表现在其组织形式上。我国事业单位具有政府机关的科层结构，政府将事业单位按照行政机构进行管理，事业单位也按照科层结构设置

---

① 古明明．准政府组织研究：一个正在兴起的公共组织研究领域[J]．国外理论动态，2016（5）：135．

内部机构，与政府部门机构进行承接对应，按照行政管理模式管理内部事务。事业单位组织形式首先是满足行政主管部门的需要，在总体上与行政组织没有本质区别。

事业单位在组织形式上的行政化倾向，使得事业单位失去了组织形式的灵活性，与多种形式满足公共服务、减轻财政负担的初衷相背离。因此，对事业单位要在组织形式上进行松绑，以灵活的组织形式去适应新型的公共服务需求，是事业单位改革中必须考虑的重要问题。

**（二）保持事业单位的相对独立性，避免管理人员出现官本位化倾向**

我国事业单位与政府机关一样，具有相应的行政级别配置，因此，事业单位的领导往往将自己视为是管理部门的领导，以官本位的意识处理上下关系，开展管理活动。在国家管理体系中，是按照行政级别的高低进行资源配置，级别高的事业单位能够获得更多的资源。在事业单位内部，也是遵循同样的方式，使得管理人员视官本位为工作中心，削弱了其工作服务意识。

事业单位人员向官本位看齐，容易产生官僚化倾向，严重背离了事业单位需以专业管理提升公共服务的价值取向。因此，事业单位改革要借鉴法人治理结构等形式，逐渐取消事业单位的行政级别，保持其组织管理与运行的相对独立性。

**（三）设计适宜的绩效评估方式，提升事业单位的工作绩效**

我国对事业单位改革的总体思路是进行分类改革，对履行行政职能的行政类事业单位，尽可能与行政部门合并；对公益类事业单位，政府进行全额拨款或差额拨款资助；对于经营服务类事业单位，将其转为营利性企业，取消财政拨款。

事业单位无论是全额拨款还是差额拨款，都涉及公共财政的支出与效益衡量问题。因此，事业单位改革中要因事而异，根据不同类别事业单位的特点，设计相应的绩效评估方案，以提升事业单位的工作绩效。

## 三、社会组织变革

在我国，社会组织必须接受党和政府的领导，因此，社会组织的发展与改革也要在党和政府的领导下进行。当前，社会组织的改革与完善，更多的是要求政府部门转变观念，认识到改革社会组织管理制度、促进社会组织健康有序发展，有利于厘清政府、市场、社会关系，完善社会主义市场经济体制；有利于改进公共服务供给方式，加强和创新社会治理；有利于激发社会活力，巩固和扩大党的执政基础。

在社会组织改革中，要注重从总体上、以发展的眼光解决一些突出的问题，推动社会组织健康有序更好地发展。

**（一）切实转变观念，认识到社会组织是推动我国社会发展的重要力量**

当前，党和政府已经明确提出社会组织是我国社会主义现代化建设的重要力量，在促进经济发展、繁荣社会事业、创新社会治理、扩大对外交往等方面发挥了积极作用。因此，各级政府组织要切实转变观念，从积极意义上看待社会组织的存在，以主动作为来推动社会组织的发展。

**（二）完善相关法规，为社会组织发展创造良好的法律环境**

近年来我国社会组织有了较快发展，但是相关的法律法规还很欠缺，对于社会组织从登记到监管的法规细则还有缺失，这不仅给政府管理社会组织带来了难度，也影响到社会组织自身的建设与发展。因此，要尽快完善相关法规内容，可以考虑社会组织法的制定。与此同时，还需要尽快制定直接登记的社会组织分类标准和具体办法；加快修订出台社会团体、基金会和民办非企业单位登记管理条例；研究制定志愿服务和行业协会、商会等方面的单项法律法规。

**（三）减轻社会组织的官办色彩，扶持社会组织独立发展**

我国的社会组织从一开始就实行双重管理体制，即由登记主管机关和业务主管单位作为双重主体负责管理。因此大多数社会组织是在政府机构改革的过程中，从政府行政部门、事业单位或国有企业的某些职能部门转化而来的，带有浓厚的官办色彩。这种特点，使得社会组织在管理上往往延续原有的行政组织管理模式与思维，过分依赖政府，缺乏自主性，对社会组织的发展形成了一定的制约。因此，政府要从社会组织的非政府性质考虑，以其独特的生存与发展过程，去满足某些特殊的公益及社会服务需要。

### （四）加强对社会组织财务的监管，健全社会组织的信用数据库

社会组织的理事虽然是决策者，但不是财产的所有者，在保全社会组织财产的动机和责任心上，绝大多数理事没有企业股东对企业财产那样强烈关注。所以，要发挥行政组织的指导作用，帮助社会组织建立与健全内部财务制度；同时，要通过审计、税务等部门的配合，对社会组织的财务进行相应的监督。还可以将监督结果对社会公布，进而建立、健全相应的社会组织信用评估体系以及更加全面的社会组织信用数据库。

# 第四章　现代公共部门人力资源的现代发展

## 第一节　公共部门人力资源开发的概念和主要内容

### 一、公共部门人力资源管理的内涵

#### （一）公共部门人力资源管理的概念

所谓公共部门人力资源管理，是指以国家行政组织为主要分析对象，研究管理机关依据法律规定对其所属的人力资源进行规划、录用、任免、使用、薪酬、社会保障等方面的管理活动和过程的总和。

公共部门人力资源管理包括微观和宏观两个方面。微观的公共部门人力资源管理是指每个具体的国家行政组织、政府工作部门，依法对本部门内现实的人力资源进行开发与管理的活动及其过程；而宏观的公共人力资源管理是指为了保证整个公共组织系统工作的性质和人力资源整体结构的相互匹配以及发展的需要，对公共部门内外的人力资源供求状况进行宏观和中长期的统计、预测、规划，制定人力资源管理的基本制度、政策、管理权限和标准，维持公共部门人力资源管理、流动和人才市场的秩序等进行的管理。微观和宏观这两个方面的管理是有机结合在一起的，它们是互为条件、相互保障的，它们共同构成了公共部门人力资源管理系统。

#### （二）公共部门人力资源管理与传统人事行政管理的区别

容易弄混淆的是，我们在理解这一个概念时，习惯性地将它等同于传统的人事行政管理，这是一个误区。公共部门人力资源管理是基于现代人本主义管理理论而发展起来、从而逐步走向完善的。它与传统人事行政管理有着很大的区别，主要表现在如下几个方面：

**1. 管理的观念不同**

现代人力资源管理把人力资源看作是资本和财富，更加注重对人力资源的开发和人性化管理。传统的人事行政管理把人力看作是组织的成本，忽略了人力资源能动性的开发。

#### 2. 管理的侧重点不同

现代人力资源管理强调人本主义，认为管理的首要目标是满足人的自由、全面的发展，为其创造各种条件，让其主观能动性和潜力得以发挥。传统的人事行政管理则以事为中心，强调人适应组织，注重事而不注重人的因素。

#### 3. 管理的模式不同

现代人力资源管理是主动的开发型的策略式管理，把人力资源的开发提到战略高度，为提高人的素质和能力而建立相应的一系列机制。传统的人事行政管理则是被动的反应型管理，按照行政性的决策和指示精神进行分配和处理。

#### 4. 管理的方法不同

现代人力资源管理注重管理过程的动态化，把人的录用、使用和培训、考核、激励等全过程有机地结合起来，同时加强同组织内其他部门的紧密联系和沟通。传统的人事行政管理则是孤立的静态管理，把人限定在一个位置上，强调稳定性，在人员的雇用、培训开发、考核、调动、奖励上是分割化的管理。

### （三）公共部门人力资源管理的性质

公共部门人力资源管理是人力资源管理的一个特定领域，它不仅具有现代人力资源管理的一般性质，还具有本领域内的自身特性。

#### 1. 人力资源管理的一般性质

人力资源管理的一般性质主要包括：

（1）能动性。能动性是人力资源最首要的特征。人力资源由于自身的意识和思维，使得其具有物质要素所不具备的意志、个性和创造力，能够主动作用于外界，这也是人力资源与一般的物质资源本质的区别。人力资源的能动性使得运用有效的激励手段和开发机制来调动人的积极性成为可能，这也是人力资源管理的目的。

（2）再生性。人力资本的积累和利用有一个循环圈，那就是劳动力的消耗—劳动力的生产—劳动力的再消耗—劳动力的再生产，劳动力不断地被消耗，又不断地被生产出来。同时，其再生性也表现为人口的生产与再生产。

（3）时效性。人力资源有自身的生命规律，在生命周期的不同阶段，其劳动能力和开发潜力是有明显差别的。人的青年时代和壮年时代肯定是人力资本和开发潜力最大的时期，在人力资源的开发与管理上，就要注意到这种差异，做到“人成其才，人尽其才”。

（4）社会性。人具有群体性，人类劳动也是群体性劳动，不同的人一般都分别处于各个劳动组织之中，这同时也是经济发展和社会分工的必然结果。人力资源从本质上讲是一种社会资源。

（5）增值性。人力资源是有价值的资源，它可以创造出比人力资源本身价值更大的价值。同时，人力资源的使用也是一个不断补偿、更新、发展和丰富的过程。

**2．公共部门人力资源管理的特性**

公共部门人力资源管理的自身性质主要有：

（1）政治性。政治性是由公共人力资源在国家和社会中所处的特殊地位和所起的特殊作用决定的。国家行政部门的工作人员掌握着公民和国家赋予的特殊权力，并执行国家的法律和各项政策，在国家和社会的发展中的地位举足轻重。因此，公共部门人力资源必须拥有较高的理论水平、政策水平，同时还要具备相应的法制观念和政治水准。

（2）道德性。公共人力资源主要是政府行政人员，他们代表政府的形象，其行为过程和结果直接关系到政府的信誉。所以，对公共部门人力资源的政治品德和职业操守必须有较高要求，力争做到“任人唯贤”。一般来说，公共部门人力资源的政治素质和道德品质要高于社会人力资源整体的平均水平，具体来讲，就是要有高尚的职业道德、为人民服务的精神、热情的工作态度和良好的工作作风。

### （四）公共部门人力资源管理的任务

社会环境和经济的发展对政府提出越来越高的要求，它要求政府实行高质量的社会管理、提供完善的社会公共服务。因此，公共部门人力资源管理必须建立良好的管理制度，满足自身的人才需求及公职人员个人成长与发展的需求。为实现上述目标，公共部门人力资源管理工作的基本任务包括：

**1．建立适应市场经济要求的管理机制**

这是公共部门人力资源内部管理体制的改革。它要求摒弃传统的人事管理观念，改革陈旧的传统人事行政管理方式，建立适应市场体制要求的、有助于公共部门人力资源开发与管理的现代人力资源管理机制。积极推进公务员制度的改革，在公共部门人力资源管理中引入竞争机制、保障机制、激励机制、更新机制和监督机制等行之有效的管理方法和管理手段，将有利于推动人力资源管理机制的改革与创新。

**2．创造一个人才发展的良好环境**

良好的环境是人的生存和发展的必要条件。人力资源管理所营造的好的环境将有助于人力资源的开发与使用。开放自由的环境也可以满足个人追求发展与完善的要求，有利于其创造性和积极性的充分发挥，这也是人力资源科学管理的客观要求和必然趋势。所以，公共部门人力资源管理的基本任务之一，就是要创造和提供一个良好的环境，以推动公共部门人力资源的开发与管理的顺利发展。

**3．加强公共部门人力资源管理的法制化建设**

法制化作为现代文明社会的一个基本特征，也是公共部门人力资源管理的目标与任务。加强法制化建设，是为了便于人力资源管理有法可依，有理可循，避免管理过程中的失误与偏差，使之遵循公正、公平、公开的原则。同时也是为了规范人的行为，有利于保持公务人员的清正廉洁，杜绝其危害社会的行为。

**4．建立一套科学完善的管理办法**

科学的管理机制必须配以科学的管理手段和管理方法才能发挥作用。长期以来，在传统的人事行政管理过程中，我们一直沿用一种经验式的管理方法，单纯地依靠管理人员的经验和悟性以及行政命令来办事，缺乏行之有效的经济手段和经济方法。在市场环境下，这是缺乏科学性的，也不能适应人力资源科学管理的要求。因此，要使公共部门人力资源的管理更加科学化、合理化和现代化，必须建立与之配套的科学而完整的人力资源管理方法与管理手段。

## 二、公共部门人力资源开发的概念

公共部门人力资源是最宝贵的财富，是政府生产力的第一要素。因此，增强人力资源素质、提高人力资源开发水平成为当前发展经济、提高竞争力的需要。

公共部门人力资源开发是指在行使国家行政权力、管理国家和社会事务的过程中，为充分有效地发挥公共部门人力资源对社会进步和经济发展的积极作用而进行的资源配置、素质提高、能力利用和开发规划等一系列活动。对这一个概念的把握可以从以下几个方面着手：第一，要发挥公共部门人力资源在公共管理中的积极作用，进行正向开发，提高其素质；第二，通过教育和培训的手段，全面提高公共部门人力资源各方面的素质，并通过合理配置、流动和激励等手段，使其达到最大限度的职位匹配、结构优化；第三，要把公共人力资源配置到合适的岗位，使得“能者在其位，贤者在其职”，做到人尽其才；第四，充分有效是指数量上的充分在岗，避免不合理的闲置和浪费；对人力资源的使用要合理，注重长期效益；第五，评价公共部门人力资源开发现状，预测和平衡公共部门人力资源的供求关系，以较少的投入产生最大的效益。

## 三、公共部门人力资源开发的主要内容

### （一）预测与规划

公共部门人力资源的预测与规划是指对未来一定时期内公共部门人力资源的需求数量、需求质量和需求结构进行推测，并制定规划使公共部门人力资源的供求相适应的过程。这个环节是公共部门人力资源的教育与培训、选拔与使用、配置与管理等工作的前提与依据，为此必须把握：第一，要达到科学的决策，必须有科学的预测，要做好基础性、前提性的统计；第二，规划以预测为基础，需要与可能相平衡，人力资源的结构与经济结构相适应；第三，要做到运行有序和有效，必须科学地量事育人、用人。

**（二）配置与管理**

公共部门人力资源的配置与管理，是指把选拔出来的优秀人才配置到适当的岗位上，实现人与事的最佳结合，并加以科学化和法制化的管理。通过人力资源合理的配置与管理，可以避免人浮于事、用非所学，做到专才专用、通才通用，从而最大限度地发挥人力资源的积极作用。为此需要把握的几点是：第一，个体和整体要适宜，即通过科学化和法制化的管理，达到个体适合群体、群体适合整体的目标与要求；第二，人力资源的能力层次与职位层次要相对应，即个体素质能力的层级要与配置或落实到具体单位的岗位或职位相适应。

**（三）教育与培训**

教育与培训是公共部门人力资源开发的一个主要内容，是根据经济和社会发展的需要，按照不同岗位的要求，有计划、有组织地开展旨在提高公务人员的智力水准、政治和业务素质以及价值观念转变的一个训练活动和提高过程。教育与培训是开发人的智力、提高技能的基本途径，是提高公共部门人力资源素质的有效环节，也是实现知识更新、迎接新科学技术革命挑战的重要措施，是国家经济繁荣、社会发展、人才兴旺的重要保障。对公共部门人力资源的教育与培训要有重点，有的放矢，突出博而专的知识结构与综合应用能力、吸收借鉴能力以及消化与转化能力。另外，教育与培训要具有一定的超前性，要有长远打算，从长计议。

**（四）选拔与使用**

选拔与使用是指通过一定的程序与鉴别，把符合一定要求的人选拔出来，加以利用，并给予相应的职责和权力，使其积极有效地发挥作用。人力资源的科学选拔和合理使用，有以下积极作用：第一，使人才有用武之地，有利于人力资源积极性与创造性的良好发挥，促进个人的发展；第二，政府聘用高素质的人才，有利于提高政府的工作效率，较好地发挥行政效能；第三，对周围的人与事产生连锁反应，形成承前启后的“人才链”或者“人才团”。

## 第二节　公共部门人力资源开发的问题和对策

众所周知，物质资源的开发终究是有限的，而人力资源特别是人的智力开发是无限的，这取决于人力资源的本质属性。当前，人力资源的开发与利用正成为现代社会经济发展的主要动力，是社会进步、国家强盛的主要标志。

## 一、我国公共部门人力资源开发存在的问题

世界各国经济发展的经验表明，优先发展人力资源是国家发展的成功举措。而对人力资源开发重要性的认识，在我国仍相当肤浅，存在的问题是很明显的。

### （一）现代人力资源开发与管理意识不强

现代人力资源开发与管理意识不强主要表现在：在人力资源开发理念上，还没有真正意识到人力资源开发的重要性和紧迫性，没有把人力资源开发作为一项重要工作来抓，仍然沿用传统的人事行政管理，甚至存在将人力资源开发与管理同传统人事行政管理等同起来的现象。

### （二）在人力资源开发的技术方面不完善

在人力资源开发的技术方面，人才测评、绩效考评、薪酬管理等内容的激励机制不完善；科学、量化的考核体系缺乏；人员的选拔、聘任、培训、晋升等工作因缺乏科学的依据而执行起来比较困难；公务人员工作积极性和创造力得不到应有的发挥，政府行政效率有待进一步提高。

### （三）公务人员的教育与培训的针对性和实用性不强

公务人员的教育和培训目标不明确，培训的内容不能较好地与经济和社会发展的需要以及公共管理的要求结合起来。培训的短期行为比较突出，很多都只是应付形式，没有什么实质内容。这些现象都将不利于公共部门人才的发展。

### （四）公共部门人力资源结构有待改善

公共部门人力资源合理流动、优化配置以及良好的人才结构是政府效率的可靠保障。由于目前政府部门人才流动体制还不完善、人才流动性不大，导致人才结构的不平衡。从政府内部来看，人与事不能很好地结合起来，人力资源的能级与层级存在一定的脱节，公务人员的工作潜能不能发挥大最大，很难与日益变化的外部的社会经济环境相适应。从全国的地区结构来看，主要表现为东部地区与

中西部地区的不平衡，中西部地区经济相对落后却缺乏中高级政府人才，这种状况的存在将对于中西部地区更加不利。

## 二、加快我国公共部门人力资源开发的若干对策

加快我国公共部门人力资源开发总的要求是，站在国民经济与社会发展全局的战略高度，坚持正确的指导思想与原则，制定可行的任务，采取有力的措施，稳步推进，取得实效。

### （一）在思想上提高对公共部门人力资源开发重要性的认识

当前国际竞争的实质是综合国力的较量，最根本的还是要归为人才的竞争。对人力资源问题的重视程度，直接影响到人力资源的开发，从而影响到人才的竞争；在人力资源方面，我国具有显著的优势。从这两个方面来看，我们有必要从保持国家兴旺发达、关系社会主义现代化建设事业成败的高度来加强对公共部门人力资源开发重要性的认识，增强责任感、紧迫感，自觉地把整体性公共部门人力资源的开发工作摆上重要的位置，提上议事日程。

### （二）加大对公共部门人力资源教育与培训的力度

教育和培训是提高人的素质的最基本的途径，也是公共部门人力资源开发的重要手段。要把对人的教育与培训看成是最值得的、效益最大的投资，可以采取如下措施：

#### 1．加大对教育与培训的投资

加大对教育与培训的投资是因为人力资源的发展是社会或个人投资的结果，人的素质的高低取决于投资的多少。

#### 2．教育与培训要有一定的原则

教育与培训有针对性的根据公共部门人力资源的特点，贯彻理论联系实际、按需施教、讲求实效的原则，对人力资源进行培训；同时，培训工作要紧密结合经济、社会发展的需要以及自身职位的特点，努力培养素质全面而适用的人才。

3．采取多样化的培训方式

采取多样化的培训方式是要针对人力资源的不同特点，采取不同的切实可行的培训方式，如实行长短期结合、正常培训与继续教育同步、在岗与脱产并举等。

（三）科学合理地整合公共部门人力资源结构

1．合理配置地区人力资源，以促进区域经济协调发展

合理配置地区人力资源，以促进区域经济协调发展的重点是加大中西部地区人力资源的开发力度，在立足培养当地人才的基础上，积极地引进外地人才。同时，在人才自由流动方面，要出台优惠政策，吸引东部地区的人才，调整人才余缺。

2．以社会发展和经济结构为调整的导向，合理调整公共部门人力资源结构

以社会发展和经济结构为调整的导向，合理调整公共部门人力资源结构是指既要重视现有人力资源的开发，又要重视超前培养后备人才资源；既要重视初级和中级人才的开发，又要注重高级人才的开发；既要重视物质层面的开发，又要重视精神层面的开发，从而形成全方位、多层次的公共部门人力资源开发体系。

（四）拓展公共部门人力资源开发的社会化途径

要拓宽人力资源开发领域，使公共部门人力资源开发的范围由部门、单位或地区转向社会，动员全社会的力量，共同开发公共部门人力资源。要利用全社会多渠道、多类型的投资及多层次、多样化的开发途径，加大公共部门人力资源开发的广度和深度，形成有社会广泛参与、整体运筹、积极稳步推进的开发体系。

（五）提供公共部门人力资源开发的制度保障

加快公共部门人力资源开发，关键是要创造一个公平、平等、竞争、择优的制度环境，建立一套能上能下、能进能出、充满生机与活力的管理机制，形成一套法制完备、纪律严明的监督体系，以充分发挥公务人员的积极性与创造性。

1．进一步抓好公务人员的管理

进一步抓好公务人员管理的重点是考试录用、职务升降、竞争上岗及辞职辞退等制度；并尽快建立公务人员的测评系统，使之与人才开发、流动、使用相配

套，通过先进的科学手段和完整的测评体系，达到人尽其才、才尽其用的目的。

2. 营造“公开、平等、竞争、择优”的用人环境

营造“公开、平等、竞争、择优”的用人环境是指逐步推行个人择业的双向选择制、用人单位的聘任制。按照党和国家的有关规定，逐步推广公开竞争、择优录用的用人机制。

3. 建立人力资源流动机制

人力资源的使用权和所有权是可以分离的，而作为一种最具活力的资源要素，应该允许人力资源自由流动。要促进这种要素的流动性，必须依赖制度的可靠性。应逐步打破人才流动中不同所有制和不同身份的界限，促进人力资源在不同地区、部门和行业之间的流动，建立人事争议仲裁制度，妥善解决人才流动争议，切实保障和维护人才与用人单位的合法权益。

## 第三节　公共部门人力资源的新发展

随着社会主义市场体制的不断完善和发展，尤其是在加入 WTO 之后，我国社会经济生活各个方面都在发生着深刻变化。这给公共部门人力资源管理与开发提出了新的要求。

### 一、我国公共部门人力资源开发面临的挑战

#### （一）应对人才竞争的压力明显加大

随着时代的发展，我国人事人才工作将面临新的环境，人才竞争将更加激烈，表现出“国内竞争国际化、国际竞争国内化”的特点。当前，世界各国面临人才供给不足的严峻局面。加入 WTO 后，我国面临的人才竞争也更加严峻，按照我国政府的承诺，将会有更多的外资企业和机构进入中国。现在，全球跨国公司 500 强已有 400 多家企业，还有 100 多家研发中心在我国落户生根，它们采用“人才本土化战略”，加拿大在华吸纳人才的力度，有的公司还设立了管理学院和培训中心。所有这些，必然会对我们国家稳定现有的高素质人才带来更大的压力。

### （二）调整人才结构的任务更加紧迫

加入 WTO 后，国内经济结构和产业结构调整步伐将明显加快，我国人才短缺及结构不合理的弊端将更加突出。目前，人才结构存在的主要问题在 3 个方面：

#### 1．人才的专业结构方面

从人才的专业结构方面来看，初级和长线专业人才供过于求，甚至出现积压现象，而高新技术专业和跨领域、跨行业、跨学科的复合型人才普遍短缺，农业、信息、金融、财会、外贸、法律人才及现代管理人才严重不足，熟悉国际经贸规则，能够参与解决国际争端的专门谈判人才缺乏，涉及国家安全与发展领域的基础研究人才后继乏人。

#### 2．人才的层次、地区、产业间分布结构方面

从人才的层次、地区和产业间分布方面来看，高层次专业技术人才比例偏低，仅占总数的 5.7%，其中的 85%集中在东中部地区。国有事业单位拥有专业技术人员 60%，而企业拥有的专业技术人才还不足 40%。

#### 3．人才年龄结构方面

从人才年龄结构方面来看，高、中级专业技术人才年龄构成偏高，40 岁以下专业技术人才，特别是高层次专门人才的比重较小。加入 WTO 后，围绕高层次人才的争夺将更加激烈，面对全球和国内产业结构的调整及优化升级，我国现存的人才供求结构性矛盾将更加尖锐。

### （三）现行人事制度有待进一步完善

由于长期计划经济体制和旧有管理方式的惯性影响，我国传统的用人制度、分配制度及人事管理的模式在理念、体制、机制和政策等方面，都与市场经济体制和 WTO 规则的要求有一定差距。竞争机制、激励机制和淘汰机制尚不健全，特别是企事业单位的用人机制不够灵活，人员能进不能出，职务能上不能下，待遇能高不能低，条块分割、论资排辈、平均主义等弊端还不同程度地存在着。加入 WTO 后，人才的竞争将直接还原为人事制度的竞争。能否吸引人才、留住人才、稳定人才，关键在于能否创立对优秀人才具有吸纳和积聚功能的人力资源管

理制度。

## 二、我国公共部门人力资源开发面临的机遇

### （一）有利于我们进一步转变人事人才管理的观念

由于长期以来计划经济模式的影响，我国传统的人事管理带有封闭神秘的色彩，管理理念陈旧，管理方式单一，存在重管理、轻开发，重使用、轻培养的问题，人力资源开发起步较晚，虽然改革开放以来，我们根据建立社会主义市场经济体制的要求，大力进行改革创新，人事人才的管理观念有很大转变，但与发达国家相比，在某些方面仍有一定差距。加入 WTO 将有利于我们开阔视野，及时吸收和借鉴国外有效的人力资源开发理念和人事管理经验，增强我们对国际惯例和规则的适应能力。

### （二）有利于加快我国人才资源配置的市场化进程

要素市场的发育程度，是市场经济体制成熟程度的重要标志。加入 WTO，有利于我们学习和借鉴国外成熟市场经济国家的市场运作经验，有利于我们熟悉和适应市场经济的运行规则，适应社会主义市场经济体制不断完善的要求，加快培育和发展我国人才市场。

### （三）有利于从整体上提高我国人力资源开发与管理水平

随着市场开放进程的深入，外国企业和资本将进一步进入中国。国际国内市场的激烈竞争，一方面使我国企业面临严峻的考验，另一方面，也有利于企业增强竞争意识和危机意识，努力提高人力资源开发和人事管理水平。首先，外国企业进入中国，必然会带来许多先进的人力资源开发与管理理论和技术，这对于我们学习外国先进的管理经验，十分有益；其次，激烈的市场竞争将迫使企业更加重视技术和服务的创新能力，增强人才观念，提升人力资源开发与管理的战略地位；再次，开放的市场竞争环境还有利于企业加快人力资源开发与管理的创新。

**（四）有利于扩大中外人才智力的国际交流与合作**

加强人事人才领域的国际合作与交流，是我国进一步扩大对外开放，加快培养高素质人才的必然要求。加入 WTO，有利于我们在更大的范围、更广的领域和更高的层次上参与国际合作和交流，更好地吸引和使用包括留学人才在内的海外人才与智力，为我国的现代化建设事业服务；有利于推动我们同发达国家在专业技术执业资格等方面实现双边和多边互认，消除专门职业跨国服务的技术壁垒，发挥我国人才在国际贸易交往中的影响和作用；有利于加强在人力资源能力建设和国际化人才培养等方面的国际合作。

# 第五章 公共管理活动的绩效评估

## 第一节 公共部门绩效管理的引入

### 一、绩效与绩效管理

#### （一）绩效的基本概述

“绩效”一词在英语中是“performance”，具有“执行、履行、表现、成绩”的意思；在汉语中，被解释为“成绩、成效”。而在管理理论中，“绩效”一词被赋予了更具专业特色的含义，例如，彼得·德鲁克在《有效的管理者》一书中对“绩效”的解释是“直接的结果”；而贝茨和豪尔顿则认为，“绩效是一个多维的建构，观察和测量的角度不同，其结果也会不同”。

在不同时期、不同类型的组织中，绩效具有不同的含义。概括而言，绩效可以分为个人的绩效和组织的绩效两种。从个人绩效层面看，其内涵可分为“绩效结果说”和“绩效行为说”。绩效结果说认为，绩效是员工最终行为的结果，是员工行为过程的产出，相当于人们常说的“业绩”。这种绩效与组织中能够衡量的责任、目标、任务以及能力具有等同的含义，在对员工进行评价时，可以通过其完成任务的情况——业绩——来判断其绩效的高低。但是，这种观点的缺陷在于，它容易忽视一些对组织非常重要的过程和情景因素，特别是随着社会的进步，管理者对“绩效是工作成绩、目标实现、结果”的观点产生了质疑，从而在行为的意义上给出了新的定义，认为绩效是人们实际做的、与组织目标有关的且可以观察到的行动或行为。这些行为是可以完全由员工个体自身控制的行为，包括员工的工作能力、责任心、工作态度、协作意识等因素。关于绩效内涵的两种观点（见表 5-1 所示）。

表 5-1　关于绩效内涵的两种基本观点描述

| 观点 | 相关描述 |
| --- | --- |
| 结果为导向 | （1）责任；（2）关键成果领域；（3）职责任务和活动；（4）目的；（5）目标；（6）产出；（7）指标；（8）成功关键要素；（9）标准和能力。 |
| 行为为导向 | （1）具体工作任务熟练程度；（2）非具体工作任务熟练程度；（3）书面和口头交流任务的能力；（4）所表现出的能力；（5）维护个人纪律；（6）促进他人和团队绩效；（7）监督管理 / 领导；（8）管理 / 行政管理。 |

### （二）绩效管理的基本概述

绩效管理最早用于投资项目的管理，后来在企业管理尤其是人力资源管理方面得到了广泛应用。在一个组织中，绩效管理对于如何有效地调动组织成员的积极性和创造力、持续地提高他们对组织任务的实现能力，都是一项重要的管理技术。我们现在所讲的绩效管理，是指利用绩效信息设定统一的组织目标，从而进行最优的资源配置以实现组织既定目标计划的一系列管理活动的总和。绩效管理已经成为现代管理中一项系统化的管理技术和管理体制。

绩效管理制度可以追溯到 20 世纪初泰勒的《科学管理原理》中的时间研究、动作研究与差异工资制设计。20 世纪 70 年代，美国管理学家奥布里·丹尼尔斯（Aubrey Daniels）提出“绩效管理”这一概念，引发了系统而全面的研究，80 年代后期，随着对人力资源管理理论和实践研究的重视，绩效管理逐渐成为被广泛认可的人力资源管理过程和方法。存在于企业中的绩效管理，是一种基于绩效形成的规律而在组织中建立起的一套运作高效的管理体系，它以规范化、科学化来保证管理的公正性、客观性。

赫尔曼·阿吉斯对有效的绩效管理进行了全面的总结。他认为理想的绩效管理体系应该具备 14 个特征：战略一致性、完整性、实用性、有意义性、明确具体性、绩效辨别性、可靠性、有效性、可接受性和公平性、参与性、开放性、可纠正性、要素标准化、伦理性。而中国学者较为重视的则是战略一致性、有效性、系统性、动态性和影响性 5 项最为基本的要素。

#### 1．绩效管理是组织人力资源管理系统的重要组成部分

绩效管理是组织人力资源管理系统的一个重要组成部分，是在组织总体战略

框架之下进行的，因此绩效管理体系需要同组织的战略相一致。绩效管理的战略目标就是通过提高组织成员的个人绩效来提高组织的整体绩效。如果一个企业是制造型企业，力图通过提高产品的质量来获得竞争力，就必须把关于生产质量的绩效指标设计到绩效管理体系中来，通过对参与工作的员工工作质量的管理来提高产品的质量，进而达到企业的战略目标。战略一致性强调的是绩效管理体系要为员工提供一种引导，从而使员工能够为组织的成功做出贡献；同时，要求绩效管理系统具有充分的弹性或敏感性，以适应公司战略形势可能发生的变化。

### 2．绩效管理所依据的各项指标应是有效的

有效性是指在绩效指标中包含了与绩效相关的各个方面的内容而不包含与绩效无关的其他方面的内容。也就是说，绩效指标中应当只包含那些对管理活动有用的内容，并且能够落实到组织活动中去，同时对于检验组织以及组织成员的绩效是具有可操作性的。特别是对于绩效指标的可操作性应给予充分的重视，只有绩效指标具有可操作性，绩效管理才能被落到实处。所以，在实施绩效管理的过程中，应当通过绩效指标的可操作性去保障绩效管理的有效性。

### 3．绩效管理活动是一个完整的系统而不是一个简单的步骤

虽然绩效管理是被作为一种管理手段看待的，但是，这一管理手段并不是作为管理活动中的一个单一的环节来加以运用的，而是贯穿于整个管理过程之中，需要在管理的各项职能的实现中都体现出来。同时，绩效管理本身也是一系列管理活动的系统过程，涉及绩效计划、绩效指标体系建构、绩效管理实施、绩效评估、绩效反馈及绩效评估结果应用等复杂的环节。所以只有系统地看待绩效管理活动，认真对待每个环节，才可能有效地逼近绩效管理目标。

### 4．绩效管理是一个动态性的过程

绩效管理的动态性过程主要表现在沟通和循环过程上。沟通在绩效管理中起着决定性的作用。制定绩效目标、帮助成员实现目标、年终评估、分析原因和寻求进步措施等过程都需要沟通，在某种意义上，绩效管理的过程就是被管理者和管理者持续不断地进行沟通的过程。离开了沟通，组织的绩效管理将流于形式，

许多管理活动失败的原因都是因为沟通出现了问题。绩效管理本身就是改善管理沟通的途径，通过绩效管理，可以全面地提高管理者的沟通意识和沟通技巧，进而改善组织的管理水平，提高管理者的管理素质。另外，由于绩效管理的对象是处于发展和行动中的组织及其成员，所以，一个阶段绩效管理的结束，也就是下一阶段绩效管理的开始。正是在不断改进和积累经验的过程中，组织通过绩效管理的改进而实现了追求卓越的绩效目标的进程。

**5．卓越的绩效管理应该对组织的成长以及目标的实现具有不可替代性**

概括地说，绩效管理对组织至少应该具有以下影响：使管理活动更加公平和适宜；使组织目标更加明确；强化完成工作的动力；引导组织关注战略，关注运作效果；确定组织和成员的绩效框架和要求，引导组织和成员的努力方向；建立关注绩效和绩效改进的文化，持续地提升绩效。

## 二、绩效管理的基本流程

绩效管理是一系列管理活动的综合性的系统过程，这个过程也可以看作是一种循环，通常而言，可以看作是由 6 个步骤组成的一个闭合性结构（如图 5-1 所示）。

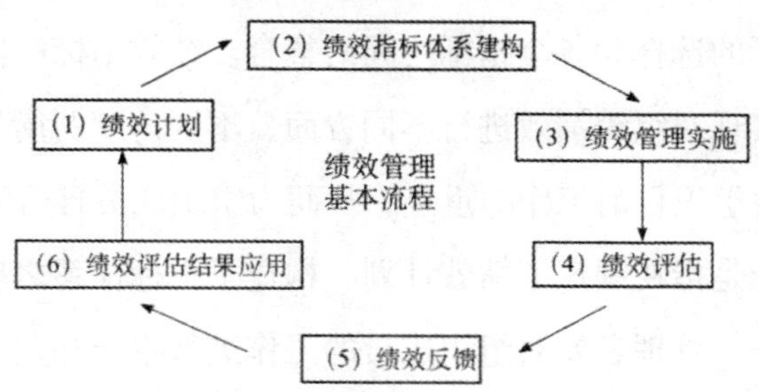


图 5-1　绩效管理的基本流程示意图

绩效计划是管理人员与组织成员共同讨论以确定组织成员考核期内应该完成哪些工作和达到怎样的绩效水平的过程。绩效计划是绩效管理的第一个环节，也是绩效管理的起点和基础。绩效计划在绩效管理中的地位非常重要，因为绩效计划是在行为展开前的一种筹划，目的是要在行为展开后能够获得更好的绩效，而不是停留在分析和关注那些过去的、不能改变的绩效。同时，绩效计划可以帮助管理人员和组织成员明确目标和努力的方向，避免事倍功半。通过绩效计划可以在组织内建立起一种科学合理的管理机制，能有机地将组织利益和组织成员个人利益整合在一起。

绩效计划的制定过程分为 3 个步骤，即准备、沟通和确定计划。这个阶段需要管理者和组织成员的共同参与，应通过互动式沟通使组织成员和管理者在绩效管理目标上达成共识。如果仅是管理者单方面布置任务，则失去了其协调互动的意义。通过绩效计划，应达到以下结果：第一，组织成员的工作目标与组织的总体目标紧密相连，而且，组织成员能够清楚地知道自己的工作目标与组织整体目标之间的关系；第二，使管理人员和组织成员都能够对组织成员的主要工作任务、各项工作任务的重要程度以及完成任务的条件达成共识；第三，管理人员和组织成员都能够十分清楚在完成工作目标的过程中可能遇到的困难和障碍，明确管理人员所能提供的支持和帮助。

绩效指标是与组织成员绩效产出有关的评估标准，它与组织成员的工作内容有关，并建立在工作分析的基础上。绩效指标相当于一种“标尺”，通过它，能够明确了解组织成员的工作情况、工作态度等。绩效指标体系需要考虑两个方面的问题，即绩效指标的选择和各个指标之间的整合。绩效指标的体系内容是一个完整的体系，可以实现对组织绩效进行不同方面、不同角度的衡量。指标体系的构建能够使员工了解组织目前工作的重点，从而为组织成员日后的工作提供指引。

绩效管理实施是指在制定了绩效计划、构建了指标体系之后，组织成员开始按照计划开展工作，管理者要对组织成员的工作进行指导和监督，对发现的问题进行及时的协助和解决，并根据实际工作进展状况对绩效计划进行适当的调整。在此过程中，需要管理者和组织成员之间的相互沟通。这种沟通是一个双方追踪进展情况、找到影响绩效的因素以及得到所需要信息的过程。

在绩效周期结束的时候，管理人员需要依据绩效计划阶段制定的绩效管理目标，以及在绩效实施过程中能够说明组织成员绩效的数据和事实，对组织和组织成员的表现进行评价。组织可以根据组织情况进行月评估、季度评估、半年评估和年度评估等。绩效评估是绩效管理活动中的核心和关键所在。

绩效反馈是绩效评估的最后一步，由组织成员和管理人员一起回顾和讨论评估的结果并反馈给相关部门和组织成员。如果不将评估结果反馈给被评估的组织成员，绩效评估将失去激励、奖惩和培训的功能。因此，有效的绩效反馈是充分发挥绩效管理作用的基础。绩效面谈是绩效沟通中的一种正式沟通方法，是绩效反馈的主要形式，正确的绩效面谈是保证绩效反馈顺利进行的基础，是绩效反馈发挥作用的保障。绩效面谈之前，主管应做好面谈计划，收集各种与绩效相关的信息资料，并且在反馈实施过程中要注意众多细节处理。作为反馈面谈的主导者，管理者需要注意在反馈面谈时选择适当的场合、适当的时机、适当的方式、适当的角度、适当的内容、适当的技巧、适当的肢体语言，以求达到最优化的面谈效果。

绩效管理只是一种手段，而不是最终目的，只有将经过绩效评估得出的结论运用到组织日常的管理活动中去，绩效管理的意义才算是真正得到了体现。对组织成员来讲，合理地利用绩效评估结果可以明确行为调整的方向；对组织来讲，绩效评估是对自身管理活动或绩效目标的回顾与总结，能够帮助组织调整自身，进而追求更杰出的表现。运用绩效评估结果的方式主要有：制定绩效改进计划，确定绩效薪酬奖金分配，组织成员潜能开发和培训，组织成员岗位和职务调整，制定未来的人力资源规划等。

## 三、绩效管理在公共部门中的应用

绩效管理是在私人部门，特别是在企业中成长起来的一种管理方式和方法，在推广应用的过程中，它显示出了极大的管理优势，因而引起了公共部门的重视，并被引入到公共部门的管理中来。尽管公共部门在实行绩效管理时遇到了许多不同于私人部门的困难和障碍，但是，人们普遍认为，在公共部门实行绩效管理是完全可能的。这是因为，在管理的意义上，公共部门和私人部门之间有很多共同之处。

首先，公共部门同私人部门一样，需要为顾客提供服务以及各种各样的产品，力求使顾客满意。其实，任何组织要想成功，任何行业要想长盛不衰，都必须真正以顾客需求为出发点，以满足市场或顾客的需求为归宿。对于公共部门而言，

"顾客"一词的含义是与私人部门不同的，但是，把公众比拟为顾客是可以帮助公共部门确立"顾客导向"的观念和行为模式的，这有利于公共部门提高服务水平和服务质量。对企业而言，顾客是指具有消费能力或消费潜力，会购买产品或服务的人；对政府而言，顾客是指受公共政策和公共管理行为影响的人。"顾客导向"是指组织及其组织成员站在顾客的立场上，仔细评估组织的管理绩效，以追求顾客满意为基本目标。既然政府需要在提供公共服务的过程中追求公众满意，而绩效管理就是为顾客提供更好的服务和产品作保障。政府绩效管理以顾客为导向，就要求政府职能、政府行为和政府改革都要紧紧围绕顾客来展开，要求站在"顾客立场"上思考问题，以顾客的满意度作为政府工作的终极目标和政府绩效的首要评估标准。"顾客导向"下的公共部门绩效管理就是要以现代公共管理理念为导向，以先进管理技术和信息化手段为支撑，做到以更少的投入获得更多的产出，以更快的速度、更好的品质为顾客提供满意的服务。

其次，绩效管理无论是以行为为导向还是以结果为导向，都是为了实现组织目标，所以，应用绩效管理，毫无疑问是有助于组织目标的实现的。以往的管理重视过程和行为，而绩效管理则是把行为、过程和结果看作是一个统一的动态的管理活动。事实上，也只有形成结果和达成目标，组织的整体绩效才可以真正实现并最终体现出来。私人部门的目标是为了最大限度地获取利益，即追求利润的最大化，而公共部门的目标则是为了最大限度地满足公众的公共需求。所以，无论是公共部门还是私人部门，都需要提供产品和服务，也只有在此过程中建立绩效管理制度，才可以保障组织目标的实现，达到所期望的结果。

组织目标的实现需要相应的制度、技术等工具来提供保障，绩效管理作为一种手段和制度就是服务于组织目标实现的目的的。从 20 世纪后期以来的实践看，公共部门引进绩效管理对于其目标的实现而言，已经取得了令人瞩目的成就。当然，在公共部门目标实现的过程中，可以使用的工具和手段是多种多样的，如协商合作、行政权威等都是非常重要而且得到普遍应用的手段，但是，绩效管理的优势还是得到了普遍认同。绩效管理具有一种系统性和整体性的优势。作为一种手段，它可以贯穿于整个管理活动的每一个环节，可以在一切组织的管理中得以应用。公共部门引进绩效管理的行动本身就证明了它不仅适用于私人部门以及企业的管理，而且能够满足公共部门提高管理水平、优化管理结构等方面的要求。所以，20 世纪后期以来，各国政府都非常关注绩效管理的应用，特别是在行政改革的过程中，都试图通过引入和完善绩效管理的方式去提高政府公共服务能力和刷新政府公共服务水平。

## 四、公共部门绩效管理的发展

西方国家从 20 世纪 70 年代开始把绩效管理引入到政府中来，到了 90 年代，基本形成了一整套适应于公共部门的绩效管理方式方法。在学术界，学者们把绩效管理实践追溯到较早的时期。美国行政学家尼古拉斯·亨利甚至把政府中的绩效管理划分为 5 阶段，在《公共行政与公共事务》（*Public Ad-ministration and Public Affairs*）一书中，他认为美国公共部门绩效管理经历了效率时期、预算时期、管理时期、私有化时期和重塑政府时期 5 个阶段。

### （一）第一阶段：效率阶段

第一阶段（1900—1940 年）为效率阶段，以“好政府”为目标。20 世纪初，美国政府改革关注的是效率。政府改革的目的在于创立一个好政府，而更有效率的政府被设定为好政府，同时，也认为更有效率的政府就必然是一个更加廉洁的政府。1906 年，纽约市成立了市政研究局，探讨如何提高政府效率。1912 年，联邦政府成立了经济和效率委员会。1928 年，成立了全国市政标准委员会（National Committee on Municipal Standards），这个委员会也是美国公共部门绩效测量的发起者。

### （二）第二阶段：预算阶段

第二阶段（1940—1970 年）为预算阶段，以控制开支为目标。凯恩斯主义的兴起和罗斯福新政的实施，都使政府职能进入一个迅速扩张的阶段。机构的增设导致了政府雇员的迅速增加，同时，政府财政负担变得沉重，而行政效率却未见明显提高，甚至人员和管辖权的冲突使联邦政府的工作多次出现混乱、重复和浪费。因此，在这一阶段，政府开支过大引起了社会的高度关注，从而要求政府控制开支。通过预算的方式推动政府绩效就成了这一阶段的基本特征。

**（三）第三阶段：管理阶段**

第三阶段（1970—1980 年）为管理阶段，以效率和效益为目标。20 世纪 70 年代是美国进行测量、评价以及提高生产力的重要 10 年，公共部门绩效管理受到了重视。1973 年，布雷顿森林体系崩溃，美元的国际地位急剧下降，美国的对外贸易开始从顺差变为逆差。美国政府在这一改革过程中更加关注效率和效益的管理问题，而对效益问题的解决主要放在了革除政府中权力滥用和浪费行为上了，进而又把效益的提高寄托在效率上。1973 年，尼克松政府颁布了《联邦政府生产力测定方案》（*The Federal Government Productivity Measurement Program*），制定了 3 000 多个绩效指标，力图促使公共组织绩效评估系统化、规范化。1974 年，福特总统要求成立一个专门机构，对所有公共机构的主要工作进行成本—效益分析。

**（四）第四阶段：私有化阶段**

第四阶段（1980—1992 年）为私有化阶段，以精简政府为目标。里根上台之际，美国经济正处于严重衰退中，他把症结归结于联邦政府规模过度膨胀，税负沉重，对于私有企业控制过多。在“经济复兴计划”中，里根政府主要通过更多地由私营企业提供政府服务的方式提高生产率。私有化的目的是阻止联邦赤字的增长、降低税收及节约成本开支，更深远的意义则在于缩减联邦政府自身的规模和职责。里根政府曾任命彼得·格瑞斯（Peter Grance）领导格瑞斯委员会对私人部门的成本控制进行调查，以求吸取私人部门的经验去改变政府中的浪费等问题，同时，也在解决政府如何履行职能以及如何提高公共产品和服务供给的问题上产生了很好的效果。[①]

**（五）第五阶段：重塑政府阶段**

第五阶段（1992 年—20 世纪末）为重塑政府阶段。20 世纪 90 年代，由于受到国内外各种因素的影响，美国政府出现了被称为“信任赤字”的情况。因此，政府面临着改革的巨大压力。这个时期的行政改革寻求从企业界获得借鉴，倡导

---

[①] 范柏乃．政府绩效评估与管理[M]．上海：复旦大学出版社，2008：31-32．

建立一个顾客至上和追求实际效果的“企业型政府”以适应迅速变化的社会环境。《国家绩效评论》（*National Performance Review，NPR*）是克林顿时期公共部门改革和绩效性管理的纲领性文献。《国家绩效评论》又称为《戈尔报告》，由一系列报告组成，其主题是从过程的繁文缛节向结果转变，希望创造一个花钱少而工作好的政府。

英国公共部门在绩效管理的问题上也大致经历了同样的历程，特别是自撒切尔夫人上台之后，英国公共部门绩效管理实现了系统化、规范化和经常化。具有标志性的事件有：

1979 年，撒切尔夫人任命雷纳爵士为效率顾问，负责行政改革的调研和推行工作，对中央政府各部门的运作情况进行全面的调查、研究、审视和评价活动，拟定提高组织经济和行政效率水平的具体方案和措施。这就是英国的“雷纳评审”（Rayner scrutiny programme）。

1980 年，英国环境大臣赫素尔廷在环境部率先建立了“部长信息管理系统”（management information system for minister，MISM），它是一个融目标管理和绩效管理等现代管理方法和技术于一体的信息收集和处理系统，其作用在于使高层领导能随时了解到部里很多信息，也就是说，其目的在于及时向部长提供全面的、规范化的信息（这些信息主要包含部门活动的直接产出），从而为部门的绩效管理提供系统、可靠的信息基础。

1983 年，英国卫生和社会保险部第一次提出了较为系统的绩效评估方案，这一方案包括近 140 个绩效指标，应用于卫生管理部和卫生服务系统的绩效评估。

1984 年，财政部在关于各部财政管理改革的白皮书中，把组织绩效评估与目标管理、人事管理联系起来，强调它对改善管理和提高效率的重要意义，并指出拟定更多绩效指标的必要性。

1991 年，英国首相约翰·梅杰宣布实施《公民宪章》（*Citizen Charter*）并与“下一步行动”计划（next steps）、效率评审、政府签约外包和市场检验等改革措施相配套。该运动通过提高服务质量、引入市场机制、进行机构改革、实行分权或放权战略，以及改变公务员的价值观念、行为规范等措施来提高公共部门所提供的公共产品和服务的质量。

从西方发达国家的绩效管理实践看，其发展历程大致呈现出5个基本特征：

1. 阶段性和持续性相结合

西方国家公共部门绩效管理的实践大体上都经过了几个阶段。然而，在其发展过程中，并不因政党的更替而中断，改革被高度重视并持续推行。如英国、美国、新西兰与澳大利亚四国的政党制度都是两党制，其公共部门绩效管理改革实践却呈现出以政党轮换为推动力的情况。

2. 突出经济、效率和效果

西方国家公共部门绩效管理在“经济”的意义上关注财务绩效和市场绩效，主要通过财务管理改革、压缩层级、精简机构和人员等改革措施节省公共开支，减少政府成本；在“效率”的意义上关注投入—产出比率或运作绩效；在“效果”的意义上重视行政产出带来的社会效果，即把质量和顾客放在首位，重视产品绩效（质量）和服务绩效（顾客满意）。事实上，绩效管理实践也引发了一系列转变：一是从以资源利用和管理者个人责任为特点的内部控制机制到关注外部顾客需求、提高质量的外部驱动机制；二是从注重内部竞争到注重外部竞争；三是组织关注重点由内部效率最大化转变为外部效益最大化。

3. 权变性与全面性相统一

西方国家公共部门绩效管理注重过程的权变性。总的说来，西方国家公共部门实施绩效管理的过程是一个不断完善、不断深化，有层次、有步骤，节节推进、螺旋上升的动态过程。同时，各国公共部门的绩效管理既注重从各个方面提高绩效，又注重对影响绩效的不同因素加以整合，从而形成绩效合力，取得了整体最佳的效果。其中主要包括：通过制度化和领导重视的双向合力保证公共部门绩效管理实践得以推行；将组织、技术、专家等资源整合为一个专门机构，由该机构负责推行改革。

4. 重视对各部门绩效管理过程实施监督

例如，美国由联邦政府管理与预算总局审批各部的年度绩效计划，由总审计署自主选择项目活动，独立地对政府机构进行绩效评估，并向国会和公众公布结果；在英国，审计办公室负责监督中央的绩效评估，审计委员会负责监督地方；新西兰和澳大利亚则设置全国性的统一机构进行监督。

5．以“绩效协议”的形式保证高绩效

例如，英国、美国、新西兰通过在各部部长与执行机构负责人之间签订“绩效协议”，给予各部更大的自主性，明确各自职责；澳大利亚在其内阁和部长间签订的“绩效协议”也达到了同样的效果。

## 第二节　公共部门绩效管理的工具与方法

### 一、绩效管理评估的工具

绩效管理评估中最重要最困难的莫过于建立合理的衡量标准，即评估的内容。由于公共部门自身的宗旨、规模、复杂性、活动特点等因素所决定的，单一的量化的绩效标准不可能准确地反映一个公共部门的运作情况，所以，就公共部门而言，其绩效标准是一些复杂的因素的综合，这些因素共同反映着公共部门的运作状况。从理论上讲，构建绩效评估指标体系可以使用“4 要素”的模式：输入（input，提高服务所需的资源、人员、物力、财力），过程（processes，传送服务的路径），输出（output，组织活动或提供的服务），结果（outcome，每一个产出或服务产生的影响）。这种模式虽然可以在一个侧面反映一个组织的绩效，但是更常见的是用反映公共部门绩效的价值取向的“4E”（economy，efficiency，effectiveness，equity）概念来构建指标体系。

#### （一）“4E”取向

1．经济（economy）

与其他任何组织管理一样，公共管理要遵循经济原则。在追求尽可能大的效益的同时，尽可能地减少人力、物力、财力的消耗。因此，在评估组织的绩效时，首要的问题便是，组织在既定的时间内，究竟花费了多少钱，是不是按照法定的程序花费钱，这正是经济指标首先要回答的问题。经济测定的目的是在公共部门树立浓厚的成本意识、降低成本、节约开支。不经济既可表现为获得某一投入（如购买一台设备）时花了高于市场价格的资金，又可表现为超量投入，如盲目追求高学历而导致雇员素质远超工作需求。完成同一件公共管理工作，开支较少，则绩效较高，反之则较低。完成同类公共行政工作，在开支相同的情况下，完成的任务量多，表明绩效高，反之则低。以最低的投入或成本，生产和提供了既定数量和质量的公共产品或服务，在经济水平方面是最好的管理。经济指标关心的是“投入”，以及如何使“投入”被最经济地使用。换句话说，经济指标要求的是以尽可能少的投入或成本，提供与维持既定数量和质量的公共产品或服务。经济指标本身并不关注服务的质量或效果问题，因而单一使用经济衡量不能满足绩效评估的要求。

2. 效率（efficiency）

效率指为特定水平的效益所付出努力的数量，效率要回答的问题是组织在既定时间内的预算投入究竟产生了什么样的结果。因此，效率简单地说就是投入与产出之间的比例关系。效率与投入成反比，与产出成正比。效率关心的是，我们如何在可供利用的资源的条件下提供更多更好的服务。效率的计算方法有单位产品成本和服务成本（如每次医疗检查的成本），或者单位成本能提供的产品和服务的数量（如花费 100 美元可做 50 次医疗检查）。最低成本实现最大效益就是有效率的。

公共部门的效率包含两个方面的内容：一是生产效率（productive efficiency），即生产公共产品或服务的收益与投入之比。在收益相同的条件下，成本越小则生产效率就越高；而在成本或投入相同的条件下，取得的收益越大则生产效率越高。因此，绩效的高低优劣应以收益与代价的比值大小来确定。二是配置效率（allocative efficiency），即组织对公共要素和资源组织安排上的效率。公共行政绩效高低是行政管理中各种要素和资源组合是否科学的综合反映。如果资源和要素的投入安排未达到最佳比例和结构，就会导致资源配置效率低。经济学家所讲的帕累托最优（Pareto Optimum）就是指资源的配置能否实现最大多数人的最大利益。

3. 效益（effectiveness）

有的学者将其概括为效果或效能。效率标准仅适用于那些可以量化的或货币化的公共产品或服务。而事实上，许多公共服务性质上很难界定，更难量化。在这种情况下效益就成为衡量公共服务的一个重要标准。效益包括经济效益和社会效益，公共管理绩效中效益主要是指社会效益。效益衡量要看“情况是否得到改善”，即用来衡量提供服务的影响和质量，看服务是否达到预期目的，它关心的是目标和效果。因此，效益指公共服务符合政策目标的程度，通常以产出与结果之间的关系加以衡量，效益关心的是“目标或结果”，就公共部门而言，主要是指管理活动的产出是否满足了社会公众的需要，以及这种产出对既定目标的实现做出了多大贡献。效益主要可分为两类：一类是现状的改变程度，如环境质量变化程度、国民受教育状况、交通状况改善程度等；另一类是行为的改变幅度，如以犯罪行为的改善幅度来衡量形势政策的效益，用接受辅导的病情改善状况来衡量社会工作的效益等。

需要注意的一点是，社会公众的意愿与要求是公共管理的出发点和归宿。公共部门的服务必须围绕公众的需求进行，只有当公众对服务满意时，公共部门的服务才是良好的服务，才真正产生了绩效。有学者将“公众满意程度”这一标准归于效益标准内。行政效益的各个方面互相联系、互相影响，“反映着行政活动在多大程度上保障国家安全、社会稳定、经济繁荣，在多大程度上满足人民群众的需要，从而构成效益整体。”[①]而有的学者将其作为对“效率至上”评估标准的反思，把“用户满意原则”作为公共部门绩效评估的新取向。

4. 公正（equity）

传统的公共行政与管理重视效率、效益，却不关心公正问题。公共管理兴起以来，公正问题日益受到广泛的重视，成为衡量公共部门绩效的重要标准。公正作为衡量标准，关心的是接受服务的团体或个人是否都受到公正的待遇，需要特别照顾的弱势群众是否能够享受到更多的服务。

---

① 唐晓阳．公共行政学[M]．广州：华南理工出版社，2003：204．

公正无法在市场机制中加以界定，所以衡量起来较为困难。国外学者一般用以下原则作指导来衡量公正性：一是帕累托标准。一个人的境况变好的同时，不能使其他人的境况变坏。帕累托标准的目的是保障最低福利；二是卡尔多-希克斯标准。在效益的净受益者能补偿受损者，该标准的目的是保证净福利的最大化；三是哲学家约翰·尔斯提出的再分配标准。处于条件恶化的社会成员的收益增加则是正义的行为。标准强调再分配福利最大化。

我们认为公共管理的绩效的公正主要体现在以下几个方面：一是公共部门制度和规则的公正、平等；二是行政程序和政府行为的公正合理；三是公共政策的公正。总之，公正标准时对享受公共服务团体或个人对公共部门在维护社会公正方面的衡量。

总之，这 4 种标准相辅相成，共同构建了公共部门绩效评估的综合评价体系：在经济标准内，考虑成本与资源；在效率标准内，考虑资源与产出；在效益标准内，考虑产出与结果；在公正标准内，考虑某种产出及其相应的结果是否增进了社会公平，是否符合公共利益。在这样环环相扣的过程中，公共部门的整体绩效才能得到真正意义的实现。

### （二）绩效评估的基本步骤

“4E”取向是绩效评估的基本标准，具体的绩效评估的基本步骤主要包含以下 5 步：

#### 1．确定要评估的对象

必须清楚地确定要评估的项目或工作，并对这个项目或工作进行分解或分组。每个项目或工作都是由多个环节或多项活动组成的，通过对各个环节的绩效评估，化整为零，就能反映这项工作的总体绩效。

#### 2．确定预期绩效目标

对公共部门活动的绩效等级上的具体绩效要求就是绩效目标。一般按几个等次确定不同等级具体绩效在效率、效益、费用、服务水平、公共责任等方面的要求。除了对不同的绩效等级规定明确具体的要求之外，绩效目标还要规定明确评估措施。

3．收集评估信息资料

收集评估信息资料是指广泛收集涉及将要接受评估的部门管理绩效的各方面信息和资料。绩效评估使用的信息资料包括服务承诺、工作计划与方案、工作报表、解决实际问题的数量、实际取得的工作结果与社会效果、重大决策过程、成果鉴定结果等。评估的信息资料时进行评估的依据，因此，资料的准确性对于绩效的有效评估关系重大。

4．确定衡量标准或指标

“4E”取向可以说是一个一般性的衡量绩效的标准。在实际公共管理的绩效评估中，对不同性质的组织或机关，乃至不同的政策规划和项目，要采用不同的绩效评估标准和指标。

5．实施评估并编制评估报告

当具体的评估标准和指标确定后，运用科学的评估方法对公共部门的具体项目或工作进行评估。一个良好的业绩评估制度要求定期报告评估结果。报告应当简明扼要，用图表传播信息，信息的陈述应当有助于与整个时期比较、与类似的机构比较，与全国最好的地方或项目比较。

## 二、公共管理评估的指标

任何科学的评估都必须有确定的指标体系。在整个评估的过程中，评估指标就是工具，没有指标就无法进行评估。公共管理绩效的评估也同样如此。“绩效评估的指标是根据绩效评估的标准而确定的，它是绩效评估的载体”。根据绩效评估的要求，绩效评估指标体系包含量的规定性和质的规定性两方面内容。

### （一）量的指标

1．费用指标

管理工作离不开经费，经费使用恰当与否、资金配置合理与否、是否发挥了最大效益等等，都能表现出组织绩效的高低。一般而言，完成同一项管理活动，开支越少行政效率越高；完成同类活动，在开支相同的情况下，完成任务量越多行政效率越高。

费用指标是较易量化的指标，但公共管理中的隐性费用较难量化。一般有两种基本尺度：第一，衡量人力消耗的尺度，即劳动时间尺度。按照经济学规定，以工作日或工作小时来计算；第二，衡量物力财力消耗的尺度。按照经济学规定，以货币来计算。需要注意的是，简单劳动与复杂劳动创造的价值不同，因而在计算人力支出时，应对不同人员加以区别。另外，物质资源不能完全按照市场价格来计量，因此，应对计划物资和非计划物资、供应过剩物资和供不应求物资加以区别。由于公共部门存在的目的就是向社会提供管理和服务，因此费用指标还可以通过行政开支与业务开支的比率来确定。所谓业务开支是指直接用于服务对象的开支，而用于服务机构和人员本身的开支则成为行政开支。由于行政开支和业务开支的不同性质，两者之间比率就成了一个重要的标志。业务开支与行政开支比率越大，则绩效越高；反之，则绩效越低，甚至没有绩效。

2．时效指标

时间是公共管理绩效的重要因素，因此，测定公共管理绩效必须要有时效指标。时效指标可分为两类：

（1）强调速度的指标。强调速度的指标主要是测定公共管理活动节奏的快慢，包括公共服务提供的速度、社会公众提出要求与公共部门做出反应之间的时间间隔等。追求速度、缩短工作周期，是提高效率的重要方面。

（2）强调时限的指标。在实践中，要根据需要和条件为每项行政工作设定期限，超过这个期限就可能造成严重的损失。与速度的指标不同，时限指标的意义是保守的。提前不一定有积极意义，而延误则一定有消极的影响。在实际工作中，要根据需要和具体条件，为每项公共管理工作设定科学的符合客观规律的速度指标和时限指标。

3．工作量指标

工作量指标测定的是公共部门运作过程中“你曾经做过什么”及“你曾经作

过多少”。工作量指标的测定有多种方式：可以根据管理层次来确定；可以根据职能部门来确定；可以根据职位或岗位来确定；可以从行政管理的环节来确定等。一般从管理的层次来确定，主要包括以下 3 方面的测定：

（1）公共决策层的工作量。公共决策层的工作量通常是对公共部门领导者而言的。公共决策工作中可进行量化的要素有：一定时期做出决策的数量，为各项决策提出备选方案的数量，各项决策涉及范围大小；处理信息量等。由于公共决策很多是非常规决策，决策工作本身是一种富有挑战性、创造性的活动，而且许多工作成果是无形的，因而，数字的指标难以全面准确地反映实际完成的工作量和绩效，因而只是参考性的。

（2）中间管理层的工作量。中间管理层的工作量通常是对各职能部门管理者而言的。中间管理层的工作种类繁多，不同职能部门，其工作的性质、任务、方式各不相同。测定这些部门工作量的指标一般包括：对决策层指令执行情况；反馈操作层信息的准确和及时程度；所管理的下属单位数量、人员数量；所处理的信息量及突发事件的数量等。对每一个具体的部门来说，应根据自身的实际情况测定具体的工作量指标。

（3）操作层的工作量。操作层的工作量通常是对具体进行执行工作的人员而言的。执行工作的操作性特点决定了其可以量化的指标较多。各职能部门可根据自身工作性质的特点设立各种反映工作量的指标。比如反映交通管理部门工作量的指标有：所管地段总公里数、设置交通标志和安全设施数量、交叉口数量、平均车流量、处罚违章次数、出动巡查的车辆人员和行程数量等。需要注意的是，有些工作量的增加并不意味着效益的提高。

### （二）质的指标

#### 1．工作质量指标

工作质量指标，这里的质量取广义，既包括了工作的结果，也包括了各种结果的影响。即“你做得怎么样”，“你做得是否有用”，“这种用途是否是人们所需要的”等。从管理的层次来确定，工作质量指标主要包括以下 3 方面的测定：

（1）决策制定水平与实施效果。公共决策是公共管理的核心环节，决策的质量将直接决定公共管理活动的绩效。决策的质量标准主要包括方向标准和优化标准。方向标准指决策是否符合国家意志和人民的要求，是否真正实现了公共管理的功能与价值。优化标准指是否选择了最优的行动方案。优化的决策方案，应该是最节省成本又能最快捷地实现管理目标的方案。实施效果体现在社会发展、社会稳定、公平公正、就业保障、民族关系、道德规范等方面。通过制定具有规范作用的各种法规、制度、指标等尺度，将工作的实际成果与预期目标进行比较，来确定公共管理绩效的高低。

（2）中间管理层的工作质量。中间管理层的工作质量标准主要包括：对上级命令执行程度，反馈下层信息的准确和及时程度，管理系统内部协调一致的程度，对所属部门工作的指挥是否正确、有效、灵活，能否及时有效地处理突发事件等。实现情况包括：经济持续增长、国民财富增加、社会秩序稳定、收支平衡、物价稳定、充分就业等。

（3）操作层的工作质量。操作层的工作一般来讲都是非常具体的，因此，可以按照不同的岗位来制定具体的工作质量标准。具体执行工作的质量标准有：服务态度的好坏、有无严格的工作程序标准，执行程度如何，工作成果是否符合计划要求等。

**2．质量反馈指标**

质量反馈指标主要从公共管理的社会效果角度来测定。通过各种途径的信息反馈来衡量工作的效果，包括公共事务是否妥善处理、公共服务是否有效提供、公共问题是否圆满解决等等。质量反馈有很多途径，其中一个很重要的途径就是公众的满意程度。包括：人们认为公共服务的提供是否及时与准确、服务的态度如何，对自己的人身和财产安全受到保护的程度是否满意，对公共部门的规章、政策方针的拥护和支持程度等。通过各项反馈，将公共管理活动的预定目标和人们的期望值进行比较，从而对公共管理的绩效进行衡量和评价。

**3．结构质量指标**

结构质量的评估是公共部门有效运作的物质基础和制度保障。结构质量评估的指标主要有：

（1）组织机构的设置与职能划分，如机构设置有无重复、各机构职能是否清楚、权责关系是否明确等。

（2）组织层次的确定，如不同层级的管理权限是否清楚，层级之间的信息交流是否畅通、沟通是否良好，下级的自主权限是否适当等。

（3）组织活动的透明度，公共服务的内容和运营情况、特定服务的开支与成本状况、各级机关和承担服务的具体机构的信息是否做到公开和透明。

（4）监督机制的完善度。如公民投诉受理机制是否有效，服务标准和补偿标准是否明确，受理程序是否便捷、投诉渠道是否畅通等。

（5）规章制度和工作程序，如，各种规章制度是否健全，工作程序设定是否合理，制度和程序被遵守和执行的情况等。

**（三）绩效指标设计中的问题**

**1．坚持量的指标与质的指标相结合**

评价公共管理工作，不仅要考虑所完成的工作数量，更要注意其质量，要坚持数量与质量统一的原则，做到定量分析与定性分析相结合。既要为各种公共管理工作设定尽可能精确的量的标准，又要为每一类公共任务设定质量标准，做到评估指标的合理化和科学化。

**2．坚持依据评估对象设计指标**

以上分析的绩效评估的标准和指标只是一般性的。在实际的具体工作或项目的绩效评估当中，应当依据不同的组织、不同的项目的特点和性质，具体设计评估指标。

**3．好的绩效指标的标准**

按照学者卡特等人的观点，好的绩效指标应符合以下标准：界定清楚且有一致性；必须和组织的需求与目标有关；被评估的单位或个人不可影响组织绩效指标的运作；必须具有广博性（涵盖管理行为的所有面向）和一定的范围（集中有限数量的绩效指标）；建立绩效指标所使用的信息必须正确和广泛；必须为组织的各级人员所接受，符合组织文化。

## 三、绩效管理评估的方法

有了评估标准和评估指标，还需要采用一定的评估方法来对评估标准和评估指标进行实际运用，以取得客观、公正的评估结果。这就需要采用合理科学的评估方法。评估方法是公共管理绩效评估的具体手段。没有科学、合理的评估方法，评估标准和评估指标再科学也只能是孤立的评估因素，也就没有实际意义了。

### （一）良好的评估方法的特点

#### 1．完整

这些指标是否足以反映出总的目标，如投资盈利率是计量收入的好方法，但不能用于计量资产。质量、精确度和及时性在某些情况下则是适用的。

#### 2．及时

及时是指在需要测评时马上进行，评估应该足以及时发现问题，而不是年度工作检查。

#### 3．花费少

利用为其他目的已经收集的信息总是比较便宜。1 年 3 次调查雇员花费较大。但是，利用附属于另外一个文件的调查不会花费那么多。

#### 4．可解释性

评估应该易于理解，而且信息数据应在组织内及其他组织中都有可比性。如果一个管理者能用这种方式解释，而另一个人则用另一种方式解释，那么评估就会主观性太强。

#### 5．重要性

评估是否很清楚地与重要的工作目的有关，虽然质量、及时性和精确度看起来都很重要，但它们可能忽略了其他相关因素。所以，好的评估方法应该与被评估工作的重要目的紧密相关。

6．时间平衡

评估系统应该反映长期和短期目标的平衡。以牺牲长期目标为代价而解决短期问题只能进一步增加问题。

7．积极性平衡

总的评估系统还必须达到竞争激励和协作团队精神的平衡。(创建高绩效政府组织)

**(二）绩效评估的基本方法**

目前，国内外较为常用的评估方法主要有以下几种：

1．比较法

比较法是评估活动中最常用的方法之一，是通过比较发现差异与成效的方法。比较法有很多类型，主要包括：

（1）标准比较法。标准比较法又叫常模参照法，即首先在与本部门工作相关的领域内找到开展某项工作的最佳做法，把他设定为一个参照标准，对特定公共管理活动的效果进行评定，就看其是否或者在多大程度上符合这个参照标准。运用此方法有一个基本前提，既存在一个没有争议的标准，该标准或者是公认的，或者是经专家研究由有关部门规定的，它必须科学、合理、全面、可靠，而且要有可比性。由于政府各部门的工作性质千差万别，需要根据工作性质和职责设计具有针对性的绩效示标体系。比如“人均开支”是经济示标，“平均个案处理时间”是效率示标，“差错率”则是质量示标。

（2）前后比较法。前后比较法即将公共管理活动实施前的情况与公共管理活动完成后的情况进行对比，来评估绩效的方法。前后比较法看上去非常简单，但其困难在于如何确定所观察到的变化是由该公共管理活动引起的还是有其他因素引起的。一般来说，通过预测没有实施这一管理活动的结果，再将这一预测结果与实际结果比较，从而可以在一定程度上过滤掉其他因素的影响。

（3）有无比较法。有无比较法是选定一个与其极为相似但没有实施某种公共管理活动的对照组，通过实施公共管理活动实验组的结果与没有实施公共管理活动的控制组结果进行对比，以评估项目效果的方法。有无比较法有一个较大的局限，即它假定实验组和控制组的基线值相同，而实际生活中，这一假定条件往往并不存在。尤其是当实验组和控制组基线值相差较大时，采用有无比较法会有较大的误差。

2．费用测评法

费用测评法是以经费的开支和使用的合理性及其效果为依据来测定管理绩效的，它适用于管理层及其操作执行层。完成同一件公共管理活动，开支越少效率越高，反之则越低。完成同一类工作，在开支相同的情况下，完成的任务量越多则效率越高，反之则越低。具体有 3 个方法来测定：

（1）单位费用测定法。单位费用测定法是将费用分解为一定的单位平均数，并以此单位费用为基准，计算出工作的实际费用，比较其效率的高低。

（2）件数费用测定法。件数费用测定法是通过同类工作中每个人员的工作量与其工资额的对比，测算每件工作的平均费用，并以此为基准测定工作人员的工作效率。

（3）人均费用测定法。人均费用测定法是先计算本地区整体行政工作的人均费用，并以本地区的人均行政费用为基准，进一步测算各部门、各单位的人均行政费用，比较其效率的高低。在其他条件相同的情况下，人均费用多，说明效率低，反之则高。

3．目标评估法

目标评估法是指着重对绩效目标的科学性与完成目标的程度进行评估，在客观条件和投入变动不大时对绩效值进行粗略评估的方法。它是一种对公共管理活动绩效目标实现程度进行衡量并向组织机构及全体公务人员提供反馈信息的一种管理手段。这种评估方法被政府部门和其他公共管理部门广泛采用。

4．因素分析法

公共管理活动中，有各种因素起作用。所谓因素分析法是指对影响公共管理工作结果的人力、经费、物资、机制、机构、制度、方法等因素，通过综合评价区分效率的高低和功能发挥程度的方法。不同因素对工作成败和效率高低有不同影响，有些因素会导致成功或高效率，有些因素会导致失败或低效率。因此，因素分析法的首要工作就是要找出影响工作成败和效率高低的主要因素，将其作为评估的依据。与比较法相比，因素分析法是直接对影响结果的诸因素进行逐项分析、评价，视其程度给予效率评分，并对所得分数相加，根据总分多少衡量公共管理活动绩效的高低。因素分析法也是一种常用的绩效评估方法，在具体操作中要注意科学合理地排列各种因素，并确定各因素所占总分的比例。

**5. 参与式评估法**

参与式评估法是指管理人员和受益者（公众）共同组成评估小组，通过对管理活动的系统评估来调整并重新制定管理的目标或方案，重新进行组织机构安排或调配资源的一种方式。这种方法与传统的评估简单地由专家或管理人员得出评估结论不同，参与式评估要求受益者参与评估的全过程。需要说明的是，参与式评估绝不是为了简单地增加评估的人员，而是通过受益者的直接参与提高评估的质量。它打破了传统的思想认识和评估方式，鼓励受益者参与评估过程，充分调动受益者的积极性。这种方法的评估调查更多地依靠受益者或者说目标群体本身，依靠他们自己对管理活动反馈的信息进行评估。另外，评估者可以通过这一方法更好地了解目标群体的需求、目标群体优先考虑的问题等，从而改善管理、提高管理绩效水平。参与式评估法已成为了当前国际上最为流行的评估方法之一。

上述各种测定公共管理绩效的方法都只是一般性的方法。具体运用这些方法成功与否，主要取决于各种定性、定量标准设定得是否科学合理、简便易行。而且公共管理绩效是个复杂的有机整体，各个层次、各种因素相互交织、渗透、影响。要科学地测定公共管理绩效，往往要综合运用多种方法才能恰当地评估出公共管理绩效的实际情况。

# 第三节　公共管理活动绩效评估中的问题与对策

## 一、公共部门绩效评估存在的问题

早在 20 世纪初，管理活动中就开始重视绩效评估的问题。20 世纪 80 年代以后，实施绩效评估、追求高绩效的公共组织已成为公民与政府的一致目标。然而，公共组织的绩效评估实属不易。公共部门不同于私营企业，它掌握着公共权力，管理公共事务，追求公共利益。在公共部门中适用绩效评估有着一定的难度、面临着一定的问题。如何完善绩效评估，使其更契合于公共管理，这是一个十分关键的问题。

### （一）公共部门绩效评估所受的限制

学者林奇和戴伊认为公共部门绩效评估在实际上常常存在以下几方面的限制：

#### 1．政府绩效的因果关系难以确认

政府绩效的因果关系难以确认，因此公共部门的计划结果往往很难衡量，因为公共产品通常无法分割，所以公共输出不易描述，产品的价格和单位成本也不易衡量。

#### 2．公共部门组织很少能控制环境的因素

公共部门组织很少能控制环境的因素，因此绩效评估往往只限于直接的输出项。例如公务员无法控制与公共安全及公共健康有关的所有因素，所以要求公务员负责也值得商榷。

### （二）公共部门绩效评估的主要问题

如何进行公共管理的绩效评估是十分困难的。具体而言，我们认为公共管理活动中绩效评估的问题主要有以下几个方面：

#### 1．评估对象难以量化

绩效评估的一个重要前提就是将所有绩效都以量化的方式呈现出来，然后据此进行绩效评估。在私人部门这样做基本上不构成问题，因为私人部门的服务是可以出售，并且可以用金钱衡量价值。但是，公共部门的服务包括公共产品都是“非商品性”的，不能出售，更无法用金钱衡量。因此，公共部门的绩效评估面临着评估对象如何量化、难以量化的问题。另外，即使公共部门的绩效可以量化，仍存在其量化形式是否适宜作为评估指标的问题。

**2．评估目标难以精确**

公共部门管理者出于政治上的需要，或是希望获取更多的支持，或者把目标设置得非常抽象和笼统，比如提高公民素质、改善居民生活等公共目标就不精确；或者把目标设置得过高过大，这都给评估测度标准的选择带来了混乱，造成衡量和评估公共部门目标实现程度的困难。另外，随着领导人的更迭，绩效评估的重点随之转移，原定的目标可能就要重新排序，使得体制中目标稳定性较差甚至出现多重的甚至相互冲突的目标，影响绩效评估的效果。

**3．评估标准难以确定**

绩效评估中最重要的是建立衡量的标准体系。在实际操作中，绩效标准的难确定性和不可度量性是制约公共管理绩效评估发展的一大瓶颈。如何制定与品质有关的标准仍是绩效评估的主要限制。如前所述，公共部门的绩效有 4 个基本面向：经济、效率、效益、公正，而服务产出的品质也是一个关键之处。问题是大多数公共服务的品质好坏很难用客观具体的数据来衡量。即使品质可以公正客观地加以衡量，评估标准仍难以统一化。因为功能相同的公共部门有地区性的差异，其规模、大小也不一样，以同样的绩效标准来衡量他们之间的绩效并不公平。而且，由于公共服务产生的效果与影响既有长期的、又有短期的，既有有形的、又有无形的，甚至有些可能是相互矛盾和冲突的，很难找到一种社会全体成员都认同的、准确的评估方法。

**4．评估信息难以完备**

绩效评估在某种意义上讲是信息的搜集、筛选、加工的过程，绩效评估做得好不好、是否正确有赖于信息的可靠性及完备性。如果收集的信息错误或不够全面，就无法真实、客观地反映公共部门的实际绩效。但信息收集的困难和信息沟通的障碍使得评估信息难以完备。由于全面、系统地收集评估信息是一项相当麻烦而细致的工作，需要花费大量的人力、物力和财力。这就使信息的获取有一定的难度，进而影响了进行绩效评估的信息的真实性、客观性和全面性。另外，信息传递渠道的不畅通，使得公众的意愿不能及时准确地表达，政府的方针政策也不能很好地被群众了解，这显然不利于公众与政府之间的沟通和了解，极大地降低了评估的质量。

**5．公众监督难以奏效**

公共监督是公共部门绩效评估的一个重要方式。但是，由于公共产品质和量的测定困难使得公众难以对公共部门产出的优劣做出准确地评判；另外，公众与公共部门的非对称信息结构，即公众和民意机关缺乏信息，这也使得公众无法对公共部门的服务质量和水平做出科学的评判，公众不能准确、有效地发挥监督作用。绩效评估的一条途径不能有效地发挥作用，不恰当的监督甚至会影响评估的客观、公正。

## 二、公共管理绩效评估困难的原因——公共部门的特点

造成这些问题（困难）的原因有很多种，但公共部门自身的特点是决定公共部门绩效表现形式多样化、绩效评估困难的主要原因。具体表现为以下几个方面：

### （一）公共部门存在的垄断性特点

公共部门的垄断性主要是公共服务的非营利性、管制等原因造成的。垄断对组织绩效测定带来两种后果：第一，服务垄断往往伴随着对信息的垄断，公众难以掌握充分的信息对组织绩效进行科学评估；第二，确定评价标准困难，由于公共组织提供服务具有唯一性，因此，即使获得了有关信息，公众也无法通过横向比较来确定公共部门效率的优劣，更难以确定理想的效率水平或评价标准。

公共部门的垄断性也使得其自身缺乏改进绩效的动力。经济学指出公共部门在供给各种公共产品或服务时具有高度的垄断性，高度的垄断性意味着公共部门在提供各种产品或服务时，不会面临竞争的压力，因而不必提高效率来应付竞争对手。与此相联系的是，公共部门提供的公共产品或服务在某种程度上具有非拒绝性，无论公民是否喜欢政府提供的公共产品或服务，他都必须消费或接受。

### （二）公共部门目标的特点

公共部门具有目标多元性和目标弹性的特点。目标多元性主要表现在没有一

个统领各项具体目标的总目标，多个目标之间必然存在排列次序问题及冲突。目标弹性是就软目标而言的，主要表现为目标表述抽象且难以量化为硬性指标，如提高人的素质和道德水平，调动人的积极性等都是典型的弹性目标。组织目标是组织绩效评估的主要依据，多元化目标必然带来绩效评估的困难，目标弹性加剧了这一困难。

### （三）公共部门产出的特点

#### 1．公共服务的特点

多数公共部门的产品是服务，而非有形的物质产品。服务具有无形性、不可储藏性且只能在提供者和接收者互动过程中来实现的特点，因而对提供服务的组织的绩效进行评估要困难得多。

#### 2．公共产品中间性质的特点

由于公共部门的产出不能向企业的产出那样最终进入市场的交易体系，形成一个货币价格，因而经济学家称其为“非市场产出”，非市场产出通常是一些中间产品，间接的非市场产品对最终产品贡献的程度都是难以度量的，因此，公共部门绩效的因果关系难以确认。

#### 3．公共产品的不可分割性

因为公共产品通常无法分割，所以公共输出不易描述，产出的价格和单位成本也不宜衡量。

### （四）公共部门生产过程的特点

#### 1．公共部门具有劳动密集型特点

公共管理主要依靠管理主体的劳动过程来实现，机器代替劳动的作用十分有限。这就使得公共管理“标准化”的推行很难，而标准化程度的高低是制约绩效评估的重要因素之一。

#### 2．公共部门生产技术的不确定性

非市场产出所需的技术常常是未知的。最有代表性的是国防领域。人们对于

投入国家安全这一期望与最终产出之间的关系，顶多也仅仅是有限的了解，对技术的无知又加剧了评估的困难。

**（五）公共部门内部管理机制的特点**

官僚制的主要特点之一就是依赖正式的规章制度进行管理。长期的实践在公共部门形成了规则为本的服从意识，管理人员关心程序胜于结果，原本是作为实现目标的手段的规则却成了管理的目的所在。于是，评价工作人员的主要标准是看他们能否严格遵守规则，而效率、质量和对组织目标的贡献却退居到次要的地位。官僚制的这种作风也影响到绩效评估，造成评估标准的不科学化。

综上所述，公共部门的特点决定公共部门绩效的体现方式与企业有很大不同。探讨公共部门绩效的具体体现方式，寻求公共管理绩效评估问题的策略，成为当代公共管理研究的一个热点和难点。

## 三、公共管理绩效评估问题的对策

公共管理活动的绩效评估存在诸多的问题。通过分析我们发现这些问题是由公共管理部门自身特性决定的，即使通过努力也无法改变，如产出的难以量化性和目标的多重性。但是，尽管如此，这并不意味着我们就束手无策。我们可以转换视角，结合公共管理的特点，从其他方面寻找对策。

**（一）转变观念，建立民本主义的绩效观念**

完善公共部门绩效评估，重要的是转变观念，树立公民取向的绩效观，即评估公共部门绩效的参照系是公民而不是公共部门及其工作人员。公共管理所追求的经济、效率、效益、公证等绩效问题，都应从公民的立场和角度来看待。虽然公众的评判有种种缺陷，如缺乏评估的专门技术、知识，缺乏必要、准确的信息或存有短视、自利动机，但公共部门本身就是为民众而存在，公共管理绩效评估本身就蕴含着服务和顾客至上的管理理念。这样的绩效评估不但能帮助公共部门以民众的需求目标为运作和努力的导向，还能保证公共服务的提供机制符合公民偏好，帮助政府机构界定重要问题、提出解决方案，判断目的是否达成。民本主义的绩效评估必定能得到公民的理解和支持。得到公民理解和支持的绩效评估显然成功实施的概率也就更高、更有效。

**（二）争取高层的支持和承诺，确保评估的合法、有效**

公共部门管理理念的变化和绩效评估的最初推行在很大程度上得益于高层领导人的支持。美国会计总署（General Accounting Office）1983年在对许多公司和地方政府实施绩效评估的做法进行调查后发现，高层的支持和承诺是公共部门绩效评估改进的重要因素。一方面，高层管理者支持绩效评估就会定期地审查组织以及组织管理的绩效，培养组织成员的绩效意识，并促使组织成员参与到绩效评估改进的进程中；另一方面，公共部门的高层决策者和管理者还控制着相当一部分的评估资源，如评估数据、评估经费及评估人员等，没有他们的合作和重视，评估工作难以展开。因此，高层的认同和支持可以使绩效评估更加具有合法性和有效性。

**（三）加强绩效评估立法工作，促使绩效评估的制度化、法制化**

绩效评估，尤其是公共部门的绩效评估不同于一般的研究活动，没有制度保障是很难进行下去的。立法保障是开展公共管理绩效评估的前提和基础。制度化也是当前国际上评估活动的趋势之一。首先，要从立法上确立绩效评估的地位，保证绩效评估成为公共部门公共管理的基本环节；其次，要从法律上树立绩效评估的权威性，排除行政、公共组织或个人的干扰；再次，从法律和制度上保障绩效评估的规范性，使评估工作有法可依、有章可循，把绩效评估纳入正常发展的轨道。

**（四）建立多重绩效评估体制、制定灵活多样的绩效目标和绩效规划**

为了保证绩效评估的准确，应该建立公共部门绩效评估的多重评估体制。不仅包括公共部门的自我评估、上级评估、党的组织和权力机关的评估，还应当包括相关专业的专家评估。另外还要引进公众的评估，逐步实现官方评估与民间评估、专家评估相结合。这可以使公共部门不仅对上级负责，更重要的是对人民负责，形成人民监督和上级监督相结合的绩效推动机制。

绩效评估的目的在于改进组织绩效，因此公共部门必须有明确的绩效目标。

目标可以是宏观的，也可以是具体的。要将总体的目标与实现目标的方法结合起来。尽管适应每个组织的规划可能千差万别，但规划本社是必要的，因为它向所有的组织成员阐明了目标，以及如何实现这些目标。受公共部门目标及其活动多向性的影响，公共部门绩效指标的确定必须保持一定的灵活性和多样性，以适应不同条件下不同部门的公共事务管理活动，确保绩效评估的科学性和准确性。

**（五）采用先进评估技术、培养评估人才，确保评估的科学化**

采用先进的评估技术，特别是利用电子政府的新载体可以有效地改善公共部门的绩效评估水平。一方面，电子政府的信息网络使得行政信息的传递更为迅速及时，反馈渠道更为畅通。对公共部门内部而言，这无疑加强了操作层与高层决策层的直接沟通，有利于组织成员的全面了解情况，从而切实推动绩效评估活动的开展；对社会公众而言，电子政府为公民广泛、深入、普遍的行政参与开辟了道路，而公民的行政参与正是公共部门绩效评估改进的强大动力。另一方面，电子政府为公共部门绩效评估朝科学化、标准化的方向发展提供了多方面的支持。包括硬软件环境、信息资源库、电子公文、电子商务、电子民主等，这些都为绩效评估活动的开展创造了良好的物质基础和制度环境。

公共部门绩效评估是规范化的工作行为，同时也是专业性很强、技术含量很高的研究活动。这就需要培养大批的绩效评估人才。政府应给公共管理中的评估工作制定相应的评估计划，采取短期培训或研讨会等方式培养评估人员，选派或聘任具有一定公共部门绩效评估理论基础和实践经验的专家授课。分阶段、分层次开展评估人员培训，建立比较灵活的评估人才培养机制，提高评估人员的素质，以适应绩效评估工作急需人才的状况。

在我国，随着公共管理学的发展和行政改革的深化，公共管理绩效评估问题也开始引起了理论界和实践界的重视。但是，由于起步较晚，我国公共管理的绩效评估的发展还处于初级阶段，所以，必须借鉴国外先进的理论和实践经验，结合我国国情和管理环境，逐步探索、完善、发展我国的公共管理的绩效评估，以最终促进我国公共管理事业向前迈进。

# 第六章　现代公共管理的方法与技术的现代化

## 第一节　传统公共管理手段与方式

传统公共管理方法通常就是指行政方法。一般来说，所谓行政方法，是指行政组织及其人员为实现行政管理目标，在行政管理过程中所采取的程序步骤、技术手段、办法途径的总称。行政方法贯穿于行政管理活动的各个方面，行政决策、行政领导、行政执行、行政监督、机关管理等都需要采取一定的方法。行政方法具有合理性、有序性、常规性、系统性、灵活性的特点。

### 一、传统公共管理具体手段

虽然诸多学者在界定其概念时各有千秋，有学者认为行政方法是指政府及其工作人员为履行行政职能、完成行政任务、实现行政目标，在行政管理过程中采用的各种方法和手段的总称。所谓行政方法，是指行政机关及其工作人员为实现行政职能、完成行政任务，在行政执行过程中所采用的措施、办法和技术、手段的总称。它是行政活动主体作用于行政活动客体的桥梁。行政方法既不同于哲学意义上的方法论，也不同于一般意义上的行政经验，它是正确处理管理主体与管理客体、行政职能与行政目标、行政思想与行政实践之间关系的方式、方法、手段和技术系统，它是整个行政系统的一个不可或缺的子系统。但上述界定，其基本观念相通。行政方法是指行政组织及其工作人员，为实现行政目标，在行政管理过程中采取的各种手段和技术的总称。传统公共行政的方法主要有行政手段、经济手段、法律手段、思想教育手段。

#### （一）行政手段

行政手段是传统公共行政的主要方法。行政手段，又称为行政指令，是指行政主体依靠行政组织权威，运用命令、决定、指示等形式，通过行政组织系统和行政程序，直接影响行政管理对象的意志和行动的行政方法，是行政组织中最常用的行政管理手段。其实质是通过行政组织的层级管理和职权专属原则贯彻行政意图，具有权威性、强制性、层次性、具体性和直接性。行政指令的优点在于政令集中统一、工作重点突出、资源调配集中迅速，能尽快地实现国家行政权力对社会经济生活的有效干预，如救灾抢险、经济危机等。但是，行政指令方法对行政主体的决策和执行能力要求很高，而且行政指令方法可能因过于管制，限制了下级执行的主动性和创造性，还可能因为强调纵向指挥命令，忽略了横向的协调合作关系，以至出现条块分割、扯皮推诿等问题。

行政手段的实质是：国家通过各级行政机关和行政管理者，为保证国家的政令能够迅速贯彻执行所采取的一种强制性的管理方法。这种手段体现着管理的职责和职权，而不是体现个人的意志和能力。行政手段的发挥受到一些条件的限制，因此在运用这一方法时应注意：第一，树立和维护行政系统，特别是各级领导者的权威；第二，贯彻责权一致的原则，建立和完善监督机制；第三，注意加强横向协调，防止产生本位主义；第四，注意一切从实际出发，具体问题具体分析。

根据行政指令载体的不同，可将其分为书面的行政指令和口头的行政指令；根据行政指令作用对象的不同，可将其分为对内的行政指令和对外的行政指令；根据行政指令所涉及层面的不同，可将其分为宏观上的行政指令和微观上的行政指令；根据行政指令相对于事件产生时间的不同，可将其分为事前的行政指令和事后的行政指令。

依据行政手段的特点，要特别注意把行政手段与强迫命令、个人专断、主观主义区别开来，把行政手段的权威与滥用职权区别开来，把行政手段的强制性与有效性结合起来，把行政手段实现的目标与维护行政对象的利益结合起来。①

**（二）经济手段**

经济手段也是传统行政实现目标的重要方法之一。行政经济方法是指行政主体根据经济规律和物质利益原则，运用各种经济政策和经济杠杆调节不同的经济

① 吴爱明．公共管理学[M]．武汉：武汉大学出版社，2012：241．

利益关系，以达到较高经济效益和社会效益的行政方法。经济方法的基本内容包括经济政策和经济杠杆两个方面。经济政策是国家为实现经济发展目标而制定的行动准则和行动方案。宏观经济政策主要包括财政政策、金融政策、产业政策、外汇政策、收入政策、区域政策、价格政策等。经济杠杆是经济政策的延伸和执行手段，主要是通过制定和调整工资、价格、利率、税收、信贷等方法，运用经济合同、经济责任制、奖惩措施，调整经济利益关系，引导和影响市场主体的微观经济决策。

经济手段的优点在于能遵循经济规律，运用经济杠杆，发挥市场机制作用，调动社会积极性。其局限性在于片面强调人们的利益动机，忽视精神激励和社会价值的作用。此外，经济方法需要动用大量经济资源，对定量分析要求很高。而且，根据边际收益递减规律，物质激励作用不是无限的。①

为此，经济方法必须按照客观经济规律的要求，运用各种经济手段，调节各方利益关系，刺激组织行为动力。经济方法具有间接性、关联性、有偿性的特点。经济方法的运用范围可分为宏观和微观两个方面。在宏观管理中，国家可运用财政、金融、汇率等手段，对国民经济进行宏观调控。在微观管理中，公共行政组织采用经济手段，就是要把组织中各层次、各成员的利益与其工作成效、业绩，乃至整个组织的成果联系起来，促使大家关心自己的工作，关心整个组织的成果。其主要运用的方式有：工资、奖金、罚款、税收减免。②

### （三）法律手段

法律一直是公共行政的重要管理方法。尤其是在现代社会中，法律具有最为重要的地位。简单地讲，行政法律方法是指行政主体依照法律、法规和规则等规范性法律文件的规定，运用行政执法手段，调整行政管理中的各种社会关系的行政方法。行政法律方法包括两个方面：一是行政主体制定行政法规、行政规章等行政立法活动；二是依法行政，用法律手段保障行政权力的行使，维护行政管理秩序。

---

① 丁先存，王辉．新编公共行政学[M]．合肥：安徽大学出版社，2015：252．

② 蔡小慎．公共行政管理学[M]．大连：大连理工大学出版社，2007：254-255．

而这里所指的"法律"是一个广义的概念，既包括国家正式颁布的法律法规，亦包括各级国家机关所制定和实施的具有法律效力的各种社会规范。法律方法的实质是，通过法律法规的实施，将统治阶级意志转化为社会公众的普遍行为，用法律法规去调整各种社会关系，使其朝着有利于行政目标的实现方向发展。

### （四）思想教育手段

思想教育手段是极富中国特色的行政管理方式，是指通过传授、宣传、启发、诱导等方式，提高人们的思想素质、智力素质和专业技术能力，充分调动人们的积极性和创造性，实现管理目标的管理方法。在公共行政活动中，比较常用的教育方法有宣传法、激励法、批评法、参与管理法等。其实质就是启发人们认识和掌握真理，激发人们的主动性和创造精神。教育方法是教育者作用于被教育者，通过人们思想认识的提高起作用。

其特点为：启发性、间接性、经济性、艺术性、长期性。其内容主要是灌输教育、疏导教育、感化教育、养成教育、对比教育。

因此也可以说思想教育，是属于心理行为方法的一种。心理行为方法是指管理者通过对人的心理诱导和行为激励等方法来实现管理目标。思想教育是通过对人们进行确定的、有目的的和系统的感化与劝导，使受教育者在身心上养成教育者所希望的思想和品质。思想政治工作在对象上具有多元性，在方式上具有协调性，在作用上具有宏观的控制性。其主要途径有：情理结合法、普遍自我教育法、个别现象法、以身作则教育法、刚柔相济法。

## 二、传统公共管理具体方式

### （一）行政手段的具体方式

行政指令方法由 4 种手段组成：

#### 1．行政命令手段

行政命令手段是凭借国家政权的权威和权力，主要通过发布命令、指示等形式，由上级按纵向垂直的行政隶属关系，直接调节和控制下级的各项活动，带有明显的强制性。

2．行政引导手段

行政引导手段是指上级对下级活动的控制，不采用命令的方式，而是指明方向加以引导，进行说服规劝。这种引导手段在一定条件下将取代行政命令手段，并日益显示出其在行政手段中的重要性。

3．行政信息手段

行政信息手段的主要特征是，上级对下级的活动存在需要加以调控的必要，但既不采用行政命令的方式，也不采取说服、引导的方式，而是通过各种信息渠道和工具，揭示下级在活动中应按照上级意图自行抉择。这种方式将突破行政指令手段纵向联系的典型运用方式，而向横向联系方向发展。

4．行政咨询服务手段

行政咨询服务手段是指上下级之间或地方政府之间，就某些疑难问题提供咨询服务，如提供可行性论证的建议等。

**（二）经济手段的具体方式**

公共管理中所使用的经济方法是指政府根据客观经济规律和物质利益原则，着眼于市场机制作用的发挥，运用价格、税收、补贴、利息、公债等经济杠杆以及市场化的方式开展行政管理活动的方法。

经济手段具体包括：价格、税收、政府支出、利息、公债、合同外包、产权交易、内部市场、凭单制等。

**（三）法律手段的具体方式**

我国规范性的法律文件主要包括宪法、法律、行政法规、军事法律和军事规章、地方性法规、自治法规、行政规章、特别行政区基本法及特别行政区法律、经济特区法规和规章、国际条约。法律手段的特性包括规范性、国家意志性、国家强制性、普遍性、利导性。

**（四）思想教育手段的具体方式**

思想教育手段的具体方式包括批评与自我批评、民主生活会、每周的政治学习等。

## 第二节　现代公共管理方法与技术

### 一、市场化的主要工具

#### （一）民营化

民营化是一个宽泛的概念，民营化可界定为是更多依靠民间机构，更少依赖政府来满足公众的需求，意味着以政府高度介入为特征的某种制度安排向较少政府介入的另一种制度安排的转变。[①]民营化的根本目标是通过引入民间力量，提高公共部门的绩效。其实质在于改变传统的国家与社会、政府与市场的关系模式，全面实现政府职能方式、权力结构和管理模式的变革：变微观管理为宏观管理，变直接管理为间接管理，变单一管理为多元管理，变过程管理为目标管理，从而达到减少政府开支，提高服务质量和效率，满足公众需求等目的。

民营化的局限性：第一，民营化不是公共服务的唯一选择。首先，不是所有的服务都可以民营化。公共事物的性质，决定了它们在一定范围内还承担着满足社会公众公共福利的职能，对不同收入的社会阶层与不同地区的公众具有特殊意义，对于此类公共事物，还不能完全进行民营化改革。其次，治理的全过程是不可以民营化的。政府仍要在服务质量、价格、环境保护等方面承担起对公众应尽的职责。否则，就会失去做出集体共同决定的机制，就没有为市场制定规章条文的途径，就会失去强制执行行为规范的手段，丧失社会公平感和利他主义精神。再次，反对民营化改革的一方还对民营化成效提出质疑。第二，民营化的应用需要一定的社会政治经济条件，比如稳定的政治环境、完善的市场经济体制、强有力的政府控制和监督能力。[②]

换言之，“民营化”有时与“市场化”同义，是指将原先由政府控制或拥有的职能交由企业私方承包或出售给私方，通过市场的作用，依靠市场的力量提高生产力，来搞活国有企业。其中，最典型的做法是将国有公司一半以上的股票出售

① 萨瓦斯．民营化与公私部门的伙伴关系[M]．北京：中国人民大学出版社，2002：107．

② 陈振明．政府工具导论[M]．北京：北京大学出版社，2009：106-113．

给私人，或全部直截了当地出售给私营企业（私有化）。[①]

一般而言，民营化途径有以下几方面：第一，把政府机构利用它的雇员直接提供的职能以合同的方式承包出去；第二，出卖政府资产和垄断权，把国有企业转让给私人部门和企业，例如电信系统；第三，在某一公共问题上，政府和私人部门共同合作，并明确各自的角色；第四，鼓励某些特定的私人部门行为，如纽约市政府通过税收减免计划来改善城市的居住条件，通过免除资产税（地产税），鼓励私人部门房东和承包商承担起发展和维护低收入群体的居住条件的责任。

作为一种政府工具，民营化的优点是：可以促进管理者降低成本，提高质量；民营化是一种新的管理形式和技术，同时也是获得资金的新来源；通过减少政府的直接行为，公共管理者可以专注于政策制定。但是，民营化的弊端也是显而易见的：政府丧失对实施公共政策的公共物品和服务提供的直接控制；由于民营化，政府在经济发展方面的功能和角色有所消退；对私人部门管理的控制不容易做到等。[②]

民营化的实质，是指通过一系列化公为私、公私合作方式，引入竞争机制，提高管理效率和服务质量，从而达到更好的社会治理效果。

### （二）合同外包

合同外包是公共管理中运用最多的一种管理手段。政府的理想角色是：了解和评估公众对公共物品的需求情况；安排私营部门为公众提供公共物品和服务；检查和评估私人部门所提供的公共物品和服务；征收税收，使政府有钱购买公共物品和服务；按照合同的要求向承包商支付款项。

合同外包的有效实施需要一些具体条件：第一，工作任务能够清楚地界定；第二，存在潜在的竞争；第三，政府能够监测承包商的工作绩效；第四，承包的条件和具体要求在合同文本中明确规定并落实。[③]

合同外包也可以理解为把民事行为中的合同引入公共管理领域，以合同双方

---

① 刘厚金．行政学概论[M]．北京：北京大学出版社，2015：341．

② 邹东升．公共行政学[M]．北京：北京大学出版社，2014：224-225．

③ 陈振明．政府工具导论[M]．北京：北京大学出版社，2009：114-115．

当事人协商一致为前提，变过去单方面的强制行为为一种双方合意的行为。政府与其他组织一样，都以平等主体的身份进入市场。政府的职责是确定需要什么，然后依照所签订的合同监督绩效，而不是靠强迫。合同外包被视为是既提高服务水平又缩小政府规模的重要途径，是降低成本、节约开支的有效手段。合同外包常使用竞争性招标投标（竞标）的方式。[①]

与此同时，合同外包也称合同出租、竞争招标，是指政府确定某种公共服务项目的数量和质量标准，对外承包给私营企业或非营利机构，中标的承包商按照与政府签订的合同提供公共服务，政府用财政拨款购买承包商的公共产品和劳务。作为一种政策工具，合同外包可以利用竞争力量给无效率的生产者施加压力，提高生产率；能够摆脱政治因素的不当干预和影响，提高管理水平；可以通过把模糊不清的政府服务成本以承包价格的形式明确化，有助于强化管理。但是，在承包权的授予上可能形成对承包商的依赖，承包企业雇员罢工、怠工和企业破产会使公众利益受到损害。[②]

**（三）凭单制**

凭单制是“政府部门给予有资格消费某种物品或服务的个体发放的优惠券”。有资格接受凭单的个体在特定的公共服务供给组织中“消费”他们手中的凭单，然后政府用现金兑换各组织接受的凭单。[③]它包含 3 个层次的内涵：凭单是围绕特定物品而对特定消费者群体实施的补贴；凭单不同于补助，是直接补贴消费者而非生产者；凭单通常采取代金券的方式而非现金。

凭单制之所以直接补贴消费者而非生产者，其最大的目的在于削弱职业性利益集团对政府公共服务决策的控制。因此，凭单制是一种新颖的市场化工具，它不是传统地从供给者角度（如签约外包、竞标、补助、特许经营、内部市场等）加强政策制定者与服务提供者的联系来致力于改善公共服务质量，而是从消费者角度通过将其选择权巧妙地植入市场竞争机制，来减少政府的监督成本的。

---

① 刘厚金．行政学概论[M]．北京：北京大学出版社，2015：341．

② 吴爱明．公共管理学[M]．武汉：武汉大学出版社，2012：269．

③ 宋世明．美国行政改革研究[M]．北京：国家行政学院出版社，1999：148．

凭单制的优势：凭单制作为市场化工具在改造传统公共服务提供机制上意义重大。它从根本上打破了政府垄断，削弱了职业性利益集团控制，拓宽了消费者的选择权力，有效架构了公共服务领域准市场，在改造公共服务文化和推动服务市场化上表现出显著的成效。凭单制反映了公共服务提供机制的新发展，体现了一种新的治理哲学或理念。这主要表现为以下 3 个结合：

**1. 实现了竞争与选择的结合**

凭单制通过授予资源控制权增强了消费者的选择能力。由消费者的凭单选择自动促成了供给者为追逐凭单的竞争，由竞争扩大了消费者的选择，从而实现了扩大选择和引入竞争的结合。

**2. 实现了效率与责任的统一**

凭单制坚持了顾客主权原则，消费者掌握资源的控制权和对服务的选择权，这使得服务机构不得不关注顾客的需求，由“官僚驱动”转为“顾客驱动”。凭单制在坚持顾客战略与后果战略相结合的前提下达到了加强责任和提高效率的统一。

**3. 实现了政府与市场的结合**

凭单制一方面坚持了政府的支付和监管责任，另一方面则在具体输出方式上引入市场机制，引入各种私人组织和非营利组织的竞争参与。这样，政府实现了从划桨到掌舵的转变，而公共服务提供机制也实现了从政府垄断到政府与市场优势互补的转变。

### （四）放松管制

自美国学者提出放松管制以来，公共管理的主体采用更为灵活的方式更好地进行管理，一直是西方发达国家的主要议题。对于一个法治化程度高的国家而言，放松管制是给政府松绑。但对于一个法治化程度低的国家而言，放松管制的结果可能是灾难性的。

所谓放松管制，就是在市场机制可以发挥作用的行业完全或部分取消对价格和市场进入的管制，使企业在制定价格和选择产品上有更多的自主权。

管制是一种活动过程，在这种活动过程中，政府对个人和机构提出要求或规定某些活动，并经历一种持续的行政管理过程（一般是通过特别指定的管理机构来完成这项工作）。管制是由政府做出的，它们必须为目标团体及个人所遵守、服从，不遵守或不服从将受到惩罚。大部分管制通过行政法规来进行（有时管制实际上就是一般的法律），并由政府部门或特别的机构（如美国的独立管制委员会）来管理。管制采取了不同的形式，如规章、标准、许可、禁止、法律秩序和执行程序等。政府管制遍及社会生活的许多领域，尤其是在物品和服务的价格和标准等方面。放松管制，就是在市场机制可以发挥作用的行业完全或部分取消对价格和市场进入的管制。其基本的观念是："政府无效率的主要原因是对管理层进行干预控制的内部管制数量太多……基本的假设是，如果公共组织能够清除戒律，它就能更加具有灵活性和效率。"其具体做法包括：放松对定价权的管制，放宽或取消最低限价和最高限价；逐步减少价格管制所涵盖的产品的范围，放宽或取消进入市场的管制等。放松管制并不是不要政府干预，只是减少政府不必要的干预与控制。[①]

**（五）用者付费**

由于公共资源的有限性，公共产品及公共服务不可能满足所有人的需要。为此，用者付费就是一个必要的管理方式。陈振明教授认为用者付费是公共部门根据市场原理，制定准价格，通过向消费者（民众）贩售特定公共服务，取得收入的一种政策工具。[②]

首先，用者付费工具的适用范围是由公共部门所提供服务和物品的性质决定的。当公共部门提供纯粹公共物品发生的费用，只能以税收来补偿，用者付费工具不适用，因为纯粹公共物品具有消费的非竞争性和供给的非排他性。而公共部门提供的"准公共物品"，其消费具有一定的竞争性，并能以较低的成本将拒绝付费者排除在外，应适当采取用者付费工具弥补其供给成本，通过市场进行资源配置。

其次，确定用者付费工具的适用范围还应注意以下几个因素：第一，需求弹性。对弹性较大的准公共物品，用者付费工具有助于资源的最佳配置，消除过度

[①] 吴爱明．公共管理学[M]．武汉：武汉大学出版社，2012：268．

[②] 陈振明．政府工具导论[M]．北京：北京大学出版社，2009：143．

使用。以公共交通为例，在较高的需求弹性之下，免费使用会加大社会成本负担。而对那些完全无弹性的公共物品，人们的需求殷切，用者付费工具无助于资源的最佳配置；第二，替代性。在同等条件下，准公共物品的可替代性越高，用者付费工具的效率损失就越大。例如，两座相隔不远的桥，一座收费，而另一座不收费是不合适的；第三，分配合理性。对于那些不会因收费而招致对低收入阶层负担过重的准公共物品可以采取用者付费工具；而对那些依据公平准则，必须保证低收入阶层享有的物品和服务，例如基础教育，则必须以政府拨款的方式来解决资金需求；第四，收费成本。对那些收费成本相对较低，成本占受益比例不高，同时不会因收费给使用者造成不便的准公共物品或服务适合采用用者付费工具，如道路、桥梁的收费站等。①

在实践中，用者付费常常与特许经营相结合，它要求对一些公共服务采取收费的方式，目的是把价格机制引入公共服务。从理论上讲，用者付费工具有如下优点：一是能够克服免费提供公共服务所导致的对资源的不合理配置和浪费；二是避免因无偿提供公共服务导致无目的的补贴和资助，对社会公平造成损害；三是可以使价格真正起到“信号灯”的作用，即市场机制在公共服务领域得以有效应用；四是可以增加政府的财政收入，缓和政府的财政危机。实行用者付费以后，公众显示了对公共物品和服务的真实需求，使得资源得以有效配置。在特许经营的条件下，用者付费能够刺激私人部门以较低的价格提高公共服务水平，改善公共服务质量。从公平的角度看，由直接受益者支付比用财政支付更公平。②

用者付费是指政府对某种物品、服务或行为确定“价格”，由使用者或行为者支付这种费用，其主要目的是想通过付费把价格机制引入公共服务。用者付费经常被用于控制负的外部性，特别是控制污染的领域，它也被用于城市交通控制。其主要缺点是：收费水平难以精确确定；在得到一种最优化的收费标准的过程中，资源有可能被误置；不能作为处理危机的工具；管理成本高且程序繁杂。③

① 陈振明．政府工具导论[M]．北京：北京大学出版社，2009：146-147．

② 刘厚金．行政学概论[M]．北京：北京大学出版社，2015：341．

③ 邹东升．公共行政学[M]．北京：北京大学出版社，2014：225．

## （六）特许经营

公共管理中的特许经营是由公共部门授予私人企业经营和管理某项公用事业的权利，通过特许协议明确双方的权利与义务，承担相应的风险，从而达到公共管理目的的一种工具。特许经营的特点包括：政府与生产者角色分离、政府管制与市场竞争有机结合、合同约束取代行政管理、投资和生产主体的多元化、合理分散投资的风险与回报。[①]

就实质而言，特许经营制是托管制的进一步延伸，即由公共部门授予非公共部门经营和管理某项公用事业的权利，通过特许协议明确双方的权利和义务，在合同期限内，非公共部门经营和管理公共服务项目，获得收益，并承担经营风险以及维护性投资的责任。20 世纪 70 年代以来，随着新公共管理运动的兴起，特许经营在公共部门管理中得到广泛应用，尤其是应用于高速公路、铁路、供电、通信、有线电视、城市供暖、垃圾和污水处理、停车场等设施的建设和经营项目。实践中，特许经营有以下基本方法：

### 1. TOT（Transfer—Operate—Transfer）方式

TOT（Transfer—Operate—Transfer）方式是政府将其投资形成的公共服务资产的经营权，以特许经营的方式，在一定期限内出让给非公共部门，由其进行经营管理并获得收益，期满后，非公共部门将功能完好的公共服务资产“归还”给政府部门。这实际上是政府以财产的运营收益换取非公共部门的经营服务。

### 2. BOT（Build—Operate—Transfer）方式

BOT（Build—Operate—Transfer）方式与 TOT 的区别在于，它是由非公共部门负责公共服务项目的投资建设，然后在特许经营期限内，从事运营、管理和维护，获得相应收益，足以补偿全部投资和应得利润，合同到期后，将非公共部门投资形成的公共服务资产无偿交给政府。

### 3. BOO（Build—Operate—Own）方式

BOO（Build—Operate—Own）方式与 BOT 的区别，主要是合同期满后，其

---

① 陈振明．政府工具导论[M]．北京：北京大学出版社，2009：150-153．

将继续占有和保留所投资财产。[①]

特许经营是通过特许协议明确双方的权利和义务，并各自承担相应的风险，从而达到公共管理目的的一种工具。特许经营的主要模式有：第一，全部风险特许经营，是由民营企业承担全部风险的方式。承租企业对公共部门委托的公用事业项目进行投资、建设、经营和管理，独立运作，自负盈亏，并承担各自经营风险。公共部门没有投入，不承担经营风险，私营企业负担一切投资以及经营所需费用，对某一公用事业相关市场负责全面开放和经营管理，同时承担所有经营风险。我国在特许经营实践中经常使用的 BOT 就属于该模式；第二，共担风险特许经营，是由民营组织和公共部门共同承担风险的方式。公共部门与民营企业对项目共同投入，共担风险。通常是承租民营组织要分担项目建设和经营过程中的技术风险，以及它所投入的部分投资风险。公共部门投入部分（包括原有的投资）的经营风险由公共部门分担。租赁经营方式、承包经营方式、合作经营方式就属于这种模式；第三，有限风险特许经营，是由公共部门直接承担经营风险的方式。在某种情况下，比如由于投资的长期性和价格的公益性，公用事业项目没有人愿意参与经营，市场失灵严重，公共部门必须为之负责。由于市场在提供某些公用事业项目方面面临诸多困难，承租企业在经营过程中不能从用户身上获得足够的营业收入，就必须从财政预算中支取成本和报酬，承租企业仅承担有限的风险。这种方式应用于客源不明、不依靠用户支付能力的公共设施的投资和经营。[②]

## 二、工商管理技术

### （一）目标管理

目标管理（Management by Objective，MBO）是 20 世纪中叶产生于西方并流行至今的一个重要管理方法。对此，刘厚金教授指出，目标管理是美国学者彼得 ·德鲁克于 20 世纪 50 年代以系统论、控制论、信息论和人际关系理论为基础而提出的一种新的管理方法，它是以目标为导向、以人为中心、以成果为标准而使组织

[①] 丁先存，王辉．新编公共行政学[M]．合肥：安徽大学出版社，2015：271-272．

[②] 许克祥．公共管理学[M]．合肥：中国科学技术大学出版社，2014：249-250．

和个人取得最佳业绩的现代管理方法。目标管理一般包括制定目标、实施目标和成果评价等基本程序，其间又穿插着计划、组织、指挥、协调、激励、监督、控制等活动。目标管理主要有 3 大特征：第一，面向成果的管理，即用目标来统一员工的意志和工作，让每个部门、每个员工都将注意力转向组织目标并为此做出自己的贡献；第二，分权与自我控制的管理；第三，参与式管理，即要求上级部门充分发挥下级的能动作用，使其参与到管理决策中来。①

政府中的目标管理就是通过预先设计的政府工作目标，激励和引导政府部门和公务人员的管理行为，并对这种行为实施控制，最终实现政府工作目标的管理方式。通过目标管理，把发展和改革的总体目标，转化为政府工作目标，协调发展，突出政府工作重点。作为一种政策工具，目标管理在公共部门中的应用，要求按照统一、效能的原则，将竞争机制引入公共管理活动，落实公共管理系统工作责任制，促进公共部门转变作风，克服官僚主义，提高工作效率，按照职能和目标逐步理顺公共部门的权限和职责，把各部门、各单位的思想和行动统一到预定目标上来。通过目标管理的导向和协同作用，加强政府工作的横向联系，减少内耗，以获取更好的整体功能和管理绩效。②

与私人部门相比，公共部门目标管理的特点有以下几方面：

**1．面向成果的管理**

传统的公共组织具有许多弊端，例如过分重视技术官僚、过分依赖上级权威、缺乏沟通和整合、重视投入而忽略产出等。其中，看重投入和过程而忽视产出和结果是传统公共组织最大的缺陷。公共部门目标管理实质上是一种面向成果的管理，它对人们提出的要求并不在工作本身，而是工作结果。“一切为了结果”是目标管理最响亮的口号。

**2．分权与自我控制的管理**

集权与分权一直是公共部门的一对基本矛盾，传统的公共组织将权力过分集

---

① 刘厚金．行政学概论[M]．北京：北京大学出版社，2015：344．

② 邹东升．公共行政学[M]．北京：北京大学出版社，2014：232．

中于上级，下级只是执行上级的决定。而目标管理基本上以麦格雷戈的“Y 理论”作为人性论基础。目标管理认为，人们应该也能够为组织做出自己的贡献，因此，它赋予每个部门、每个管理人员独特的任务和职责。为了完成任务、履行职责，它将传统组织中集中于上级的权力尽量地分配给下级，让他们自己做出决定，自己采取行动，自己纠正偏差。与那些集权的，强调上级监督、控制的管理相比，它是一种分权与自我控制的方式。

3．参与式管理

有人认为目标管理就是上级制定目标并指挥、监督下级去执行目标的过程，这实质上是对目标管理的误解。目标管理不仅像传统管理理论那样重视组织的目标和管理目的，而且还将其视为一种激励下级、开发和培养下级能力的手段。在诸如目的的制定、计划的实施、成果的评价、经验和教训的总结等方面，并不是由上级决定的，而是在下级充分自主的情况下，通过与上级沟通、协商来共同决定。因此，目标管理是一种民主参与式管理，它要求上级部门充分发挥下级的能动作用，积极参与到各项管理决策中来。

4．整体性的管理

公共部门目标管理是一种整体性的管理，具有系统性和层次性。目标管理把公共部门的总目标逐级分解，各个分目标都以总目标为依据，用总目标来指导分目标，用分目标来保证总目标；上级决策部门以提高效益水平为主，下级工作部门以提高能力为主，实行整体管理，方向一致，相互合作，共同努力。

公共部门目标管理是一个动态循环的过程，它主要包括 3 个阶段：目标的制定、目标的实施、业绩考评。

（1）关于目标的制定。第一，制定目标的依据：法律政策及上级的要求、服务对象要求、组织的现状；第二，目标的制定程序：准备工作、初步拟定目标、初拟目标的讨论与修订、制定目标实施计划；第三，有效目标的标准：具体、切合实际、与权限一致、表达明确、具有弹性和一致性。

（2）关于目标的实施。第一，实施目标管理的前提：组织成员自我管理能力较强、组织具有统一的价值理念、组织高层领导重视；第二，授予有效的权限；

第三，分配资财；第四，控制：环境、目标、资财和日常工作控制。

（3）关于业绩考评。第一，成果评价：将目标是否实现作为衡量标准，是一种以自我评价为主、上级评价为辅的综合评价方式；成果评价与奖惩制度紧密联系起来；第二，支付报酬。①

### （二）标杆管理

标杆管理（Benchmarking Management）就是一种从自身与最佳实践的对比和分析的过程中，找出二者的差距，并采取相应的对策消除，以实现绩效的持续改进的管理工具。由此，我们不难看出，标杆管理定义的关键是比较（Comparing）、学习（Learning）、提高（Improving）。②标杆管理在公共部门实施中的困难主要体现为多元目标的冲突及中心目标的模糊、公共部门管理绩效的难以测定、标杆变化的弹性难以确定、公共部门预算周期的限制、缺乏熟练掌握标杆管理的专门人才、公共部门的组织文化问题。③

标杆管理是一个认识和引进最佳实践以提高组织绩效的过程。在传统管理中，组织设定目标都是基于过去的业绩水平，其局限性是没有将组织目标与组织外部高标准联系起来。如果组织完成的目标经常低于设定目标，那么组织将逐步走向低效率。同时，任何组织都不是孤立存在的，如果不重视竞争对手的优势与长处并加以研究，将难以取得竞争优势。对于政治组织而言，其内部不存在为争夺市场份额而发生的生存竞争，因而明显缺少一种激励机制。引入标杆管理不仅可以改变政府组织的运行节奏，而且可以促进其及时改进，使其能应对各种根本性的变革，以便满足公众的期望，避免由于行政绩效不佳而造成公众福利的净损失。④

政府部门实施标杆瞄准的流程一般包括：

#### 1．整体规划与标杆项目的选定

整体规划与标杆项目的选定阶段应该进行下列活动：组织确定为什么进行标

---

① 倪星．公共行政学[M]．北京：高等教育出版社，2012：328-337．
② 陈振明．政府工具导论[M]．北京：北京大学出版社，2009：238．
③ 陈振明．政府工具导论[M]．北京：北京大学出版社，2009：241-243．
④ 刘厚金．行政学概论[M]．北京：北京大学出版社，2015：345．

杆瞄准；争取得到组织高层的支持；开发测评方案；制订数据收集计划；与专家研究制订标杆计划；为标杆瞄准项目赋值。

2．内部数据的收集与分析

内部数据的收集与分析阶段应该进行下列活动：收集并分析内部公开发表的信息；挑选潜在的内部合作伙伴；收集内部尚未公开的研究资料；进行内部访谈并调查；组织内部标杆瞄准委员会；组织对内部合作伙伴进行考察。

3．外部数据的收集与分析

外部数据的收集与分析阶段应该进行下列活动：收集外部公开发表的信息；收集尚未发表的研究资料。

4．标杆项目的绩效改进

标杆项目的绩效改进阶段应该进行下列活动：确认正确的纠正性行动方案；制订实施计划；获得高层领导的批准；实施方案并评价其影响。

5．持续改进

持续改阶段应该进行下列活动：维护标杆瞄准数据库；实施持续的绩效改进计划。[①]

（三）流程再造

企业再造是20世纪80年代初在美国出现的。其创始人哈默（Michael Hammer）和钱皮（Janes Champy）在《企业再造——经营革命宣言》一书中对企业再造所下的定义是：再造是对公司的流程、组织结构和文化等进行彻底的、急剧的重塑，以达到绩效的飞跃。

根据哈默的阐述，我们不难理解企业流程再造的核心思想：通过对企业原有业务流程的重新塑造，借助信息技术，使企业由传统的职能导向型转变为以流程为中心的流程导向型，实现企业经营方式和管理方式的根本转变，最终提高企业竞争力。流程再造是一个持续改革、不断完善的过程。[②]哈默还从基本理念、原则

---

[①] 齐明山．行政学导论[M]．北京：中国人民大学出版社，2014：229-230．

[②] 陈振明．政府工具导论[M]．北京：北京大学出版社，2009：219．

和运作过程等方面进行了分析，指出：公共部门流程再造的基本理念意味着，公共部门流程再造是公共组织工作流程、观念和方法的全程革命，目的是实现整个社会公共利益最大化。流程再造是对现有流程和体系结构的变革，是对现有系统的否定，因此它给公共部门带来的变化是剧烈的、革命性的、跳跃式的，是一种创新。

公共部门流程再造蕴涵着“新公共管理”的精神，就是试图彻底改变传统的行政管理模式，创造面向顾客、服务公众的公共组织体制，重新界定政府角色，更新管理方式，以适应变化着的环境的要求。流程再造强调以信息技术为基础，围绕政府目标，改革原有的工作流程、组织结构，重新设计整个体系。视顾客满意为政府最大使命，扬弃现行的行政运行程序、层级制政府机构，创建持续流动、快捷高效、人性化的“无缝隙政府”，提升组织绩效、服务质量和自我更新能力。

公共部门流程再造有 3 个原则：第一，顾客至上原则，意味着以公众为出发点，流程的再造必须围绕以公众为服务中心而组织，而不是以职能为中心；第二，以流程为中心的原则，强调整体流程最优的系统思想；第三，节约成本和提高效能的原则，呼唤创新的、有活力的、以公众需求为导向的、高效率和高效能的政府，实质上就是以结果导向作为行政效能的内涵。

公共部门流程再造的运作过程包括战略决策的勾勒、启动再造、审视现有流程、重新设计、推广流程再造、评估反馈并持续改善等各个环节。[①]

### （四）战略管理

战略管理（Strategic Management）是过去几十年公共管理吸收私人部门管理最为重要的方式之一，甚至可以说，没有战略管理，就没有公共管理。与传统行政管理最为不同的地方就在于，公共管理重视战略，而传统行政管理重视过程，注重眼前。简而言之，战略管理是针对未来不确定的环境而进行的规划和管理。对此，陈振明教授指出战略管理是一个过程，它可以把传统与创新结为一体，同时又考虑制定——创造新的理念，以及实施——把新思维付诸实践。

---

① 陈振明．政府工具导论[M]．北京：北京大学出版社，2009：224-228．

当前最有影响的战略管理过程模式是巴可夫和纳特提出的 6 个阶段模式：根据环境发展趋势、总体方向及标准概念描述组织的历史关联因素；根据现在的优势与劣势、未来的机遇与威胁来分析判断目前的形势；制定出当前要解决的战略问题议程；设计出战略选择方案以解决需要优先考虑的问题；根据利害关系和所需要的资源评价战略选择方案；通过资源配置和对人员管理需要优先考虑的战略。我们将公共部门战略管理过程划分为战略规划、战略实施和战略评价 3 个阶段。[①]

战略管理是从企业的战略规划发展而来的，20 世纪 80 年代开始被引进公共行政组织。它是指政府部门从自身实际情况出发，结合外部环境而制定的长期发展方向、目标、任务和政策以及资源配置方面的决策。政府部门战略管理主要不是针对组织内部，而是强调组织适应外部环境和预期外部环境的变迁。同时，政府部门战略管理与企业战略管理的区别在于，它必须考虑政治因素的影响。

公共行政组织实施战略管理，首先是因为经济全球化以及政治、经济发展一体化，使国际竞争更加激烈，政府治理的外部环境更为多样和复杂。通过战略管理，可以提升政府适应环境和处理公共事务的能力，使政府在国际竞争中处于有利地位。其次是因为面对复杂多变和不确定的外部环境，政府的功能和角色也处于不断的变化之中。通过战略管理，不仅可以使政府及其领导人树立系统、整体、发展和开放的观念，以维持国家、社会长期持续发展的能力，实现公共利益，亦可以明确政府角色和行为方式以及公共政策的方向，为企业组织和民间组织的发展创造并提供良好的秩序和政策环境。

对于发展中国家来说，可以战略性地规划国家产业发展方向和产业结构布局，平衡地区间的差距，确定国家战略性资源配置的优先次序，从而为经济发展指明方向。政府部门战略管理一般分为 4 个步骤：第一，界定组织的内外环境；第二，制定战略规划；第三，实施战略规划；第四，进行战略评价。[②]

公共部门战略管理与私人部门不同，它具有前瞻性、全局性、公共性、权威性、模糊性、参与性等特征。其价值是有利于公共部门使命的实现、更好地实现

---

① 陈振明．政府工具导论[M]．北京：北京大学出版社，2009：248．

② 刘厚金．行政学概论[M]．北京：北京大学出版社，2015：343．

公共利益，帮助公共部门适应复杂的环境。其具体流程包括环境分析、战略规划、战略实施、战略评估等环节。公共部门战略管理的基本原则是以社会公众的共同需要为出发点、保证战略管理过程的灵活性。

公共部门战略管理的常规方法主要有以下几点：

1．SWOT 分析法

SWOT 分析法又称态势分析法，最早应用于企业管理领域，是一种能够较客观而准确地分析和研究企业现实情况的方法。SWOT 分析通过对优势、劣势、机会和威胁的综合评估与分析得出结论，然后再调整组织资源及策略，最终达成组织目标。

2．组建 SMG（战略管理小组）

战略管理过程，不能靠领导者一个人来完成，一般来说，必须建立战略管理小组来加以整体协作。SMG 由代表组织内、外部利益的不同个体所构成，它不但是组织创造变革理念的源泉，也是组织创造关于如何进行变革的理念的主要源泉，战略管理过程依赖于 SMG 得到这些理念。战略管理小组既要营造创新，又要促进各利益相关者达成共识。参与过程也是相互协调、促进发展以克服阻力的过程。参与过程使得参与者及其所代表的利益群体能够更好地接受这一过程带来的结果，为以后的共同行动打下基础。这一点对于利益相关者众多的公共部门尤其重要。[①]

公共部门的战略管理，是一个使组织和领导者能够通过资源分配和工作分工来达到组织目标的过程。作为一种政策工具，战略管理提供了一种全面、综合的组织观念，可以实现重心从即时的工作任务向组织整体目标、产出和影响转变，更好地实现对组织资源和目标的控制。但是，它需要花费大量的管理时间用于分析资源，同时战略管理不仅要让人明白组织要做什么，还要说明组织不做什么，对于公共部门来说，这可能产生政治上的困境，因为它可能会激起反对派和利益团体的反对。[②]

---

① 许克祥．公共管理学[M]．合肥：中国科学技术大学出版社，2014：229-234．

② 吴爱明．公共管理学[M]．武汉：武汉大学出版社，2012：271．

## 三、社会化手段

### （一）社区治理

社区治理是社会化管理的基本手段。对此，许克祥教授指出社区治理是治理理论在社区领域的实际运用，是指政府、社区组织、居民及辖区单位、营利组织、非政府组织等基于市场原则、公共利益和社区认同，协调合作，有效供给社区公共物品，满足社区需求，优化社区秩序的过程与机制。社区治理强调治理主体的多元化及互动、治理过程复杂化和长期化以及治理内容多样化。社区治理的功能：有助于社区经济的发展；实现社区文化的繁荣；促进社区环境的美化；有助于社区治安状况的改善。[①]

社区治理指开发和利用社区文化资源、人力资源，在社区内通过建立各种敬老院、福利院、康复中心、医疗站、托儿所、幼儿园等设施，对老年人、儿童和残疾人等实行社区照顾；调动社区居民不定期地参加保护社区环境的清洁卫生工作，美化居住环境；加强社区治安管理等。

### （二）志愿者组织

作为一种政策工具，志愿者组织的活动不受国家强制力和经济利益分配的约束。志愿者组织可以提供某些社会服务，例如慈善机构为穷人提供医疗保健、教育和食品，志愿者团体提供诸如海滩和公园的公益服务等。

志愿服务的最大优点是创新，即创造性地迅速确认并满足需求的能力。由志愿者提供社会服务还可以减少对政府行动的需要或减轻政府的负担。但是，其应用范围有限，大量的经济与社会问题不能通过这种手段来处理；志愿者组织容易蜕化变成准官僚机构，从而降低它的效能和效益。[②]

### （三）公众参与

伴随着日益增长的民主化浪潮，公共管理中的公众参与越来越成为一种重要的手段。在公共政策制定过程中，公众的政治参与是衡量一个国家政治民主化和

---

① 许克祥．公共管理学[M]．合肥：中国科学技术大学出版社，2014：252-253．

② 邹东升．公共行政学[M]．北京：北京大学出版社，2014：236．

现代化的重要标志。尽可能地让更多的人参加，让公众充分表达对公共政策的看法和意见，增进政策制定者和公众的互动，这样有助于提升公共政策的合法性，拓展民主的广度和深度。

公众参与是在公共政策的形成过程中，确保政策符合民意及政策合法化的根本途径，因此进行充分的公众参与是非常必要的。引入“公民参与的有效决策模型”，根据实际情况选择相应的公众参与形式，从而为公共政策制定中的公众参与提供路径依赖，有助于推进我国公共决策的科学化、民主化和法制化。

目前我国公共政策制定中公众参与缺失的主要原因有：

**1．外部因素的制约**

公众参与的制度缺位，参与机制不完善；政策制定者对公众参与的主观排斥也是不容忽视的因素；政治信息短缺也会影响公众参与。

**2．公民素质的限制**

公众参与的意识薄弱，公民责任感不强；公众参与能力的有限性也是其政治参与的障碍因素。

公众参与是衡量现代社会民主化程度和水平的一项重要指标，它的具体形式很多，包括直接选举和全民公决，还包括公共决策听证会。其中，公共决策中的听证制度是现代民主社会普遍推行的用于保证各方利益主体平等参与公共决策过程，最终实现决策民主化、公开化、科学化和公正的一种重要制度安排。

**（四）听证会**

行政听证制度是指行政主体在制定法规、规章或其他规范性文件，或是做出直接影响利害关系人权利义务的决定前，就有关事实问题和一些法律问题听取利害关系人意见的一种程序性法律制度。

听证渊源于英美普通法的自然正义观念的听取两方面意见之法理，最初仅用于司法权的行使，作为司法审批活动的必经程序，谓之“司法听证”。后来随着司法听证的广泛应用和不断发展而移植到行政领域，形成“行政听证制度”，即在政府行政决策过程中，听取有关专家学者的意见，特别是听取与该政策有利害关系的当事人的意见，把行政决策变成集思广益、有科学根据并有制度保证的过程。[①]

综观国内外，在现代行政权力日益膨胀的情形下，行政听证制度设置的目的在于增强个人权利对抗公权力的能力，是防止行政权力滥用的有效手段。同时，它又是以公众直接参与的方式弥补了立法代表制度和行政机关首长负责制在反映民意方面的不足与缺陷，拓宽了民主的广度，推进了民主向纵深发展，进一步提高了人民群众当家做主的地位，是人民主权的直接表现。所以，行政听证的起点应是“以权力制约权力”；听证适用范围应覆盖行政权力全部领域(除免除事项外)，以此最大限度地达到行政听证制度追求的价值目标和丰富的民主内涵。

一般来说，听证会的形式有 4 种：第一，正式听证和非正式听证；第二，事前听证、事后听证和结合听证；第三，辨明性听证和审讯性听证；第四，自行听证与委托听证。

听证会应当奉行公开、公正、参与的原则。

## 第三节　电子政务管理

### 一、电子政务的概述

#### （一）电子政务的概念

关于电子政务，国内外有多种多样的提法，如电子政府、政府信息化、数字政府、网络政府等，这些提法从不同的角度揭示了电子政务的概念与特征。

电子政务一词是相对于传统政务和电子商务而言的，是快速发展的电子信息技术和政府改革相结合的产物。

由于电子政务是借助电子信息技术而进行的政务活动，所以其概念的内涵和外延在很大程度上取决于我们对电子信息和政务活动所下的定义。

政务有广义和狭义之分：广义的政务泛指各类行政管理活动，而狭义的政务则专指政府部门的管理和服务活动。目前，大家所谈论的电子政务建设，更多的是指政府部门的信息化建设，但实际上，就我国而言，党委、人大、政协、军队

① 邹东升．公共行政学[M]．北京：北京大学出版社，2014：238．

和企事业单位等同样进行一定的行政管理活动，而这些活动同样可以借助电子信息技术来进行。所以，电子信息技术在公共管理中的应用，实际上要远远超出政府系统的范围。

从狭义上讲，电子政务就是应用现代电子信息技术和管理理论，对传统政务进行持续不断的革新和改善，以实现高效率的政府管理和服务。从广义上讲，电子政务不但包括了政府的电子信息化，而且也包括了党委的电子信息化、人大的电子信息化、政协的电子信息化和军队的电子信息化。

电子政务主要包括 3 个组成部分：第一，政府部门内部的电子化和网络化办公；第二，政府部门之间通过计算机网络进行的信息共享和实时通信；第三，政府部门通过网络与民众之间进行的双向信息交流。

具体地讲，目前我国各级政府部门所广泛使用的办公自动化系统，属于第一类电子政务的范畴。国家已开展的“三金”（金桥、金关和金卡）工程和电子口岸执法系统则是第二类电子政务的典型例子。政府部门通过自己的互联网站发布政务信息以及进行网上招标、网上招聘、接受网上投诉等就属于第三类电子政务的范畴。

电子政务系统是基于网络符合因特网技术标准而面向政府机关内部、其他政府机构、企业以及社会公众的信息服务和信息处理系统。它是一个利用信息和通信技术，有效地施行行政、服务及内部管理功能，在政府、社会和公众之间建立有效服务系统的结合。一个完整的电子政务系统，应该是上述 3 类系统的有机组合。

总体来说，电子政务系统有 3 个目的：第一，政府机构各部门实现办公自动化、网络化和信息化，帮助提高政府在行政、服务和管理方面的效率，积极推动精简机构和简化程序等工作；第二，利用政府内建立的网络、信息资源和现代化手段，为社会提供优质的多元化服务；第三，以政府信息化的发展推动和加速整个社会信息化的发展。

**（二）电子政务的实质**

从电子政务的定义中，我们可以看到，电子政务是一个具有广泛实用性的概念。电子政务的实质包括：

**1．电子政务是现代电子信息技术在政府工作中的全面应用**

电子信息技术，特别是网络技术的高速快捷、全球联通的特点，使得政府信息的生产和传播、政府管理的手段和方式发生了深刻的变化。政府在某些领域具有更强的信息获得与控制能力，从而拓宽了政府的职能领域，更有效地实现对社会的控制；同时，面临来自社会各个方面的竞争，政府在信息获得和控制方面的垄断优势也将被打破，从而导致某些政府职能的压缩和流失。这些都将给政府管理方式带来革命性的变化。

**2．电子政务是一种全新的政府管理理念**

电子政务不是传统政务和电子信息技术的简单叠加，不是用电子信息技术去适应落后的、传统的政务模式，而是借助电子信息技术对传统政务进行革命性的改造，以更好地实现政府为公众服务的宗旨。

**3．电子政务是一个动态的过程**

电子政务不是一个结果，而是一个动态的过程，是一个持续不断地运用技术手段改革政府管理模式和政府管理手段的实践。电子政务需要用系统工程的方法对政府管理流程不断进行改革和完善。

### （三）电子政务的产生

社会信息网络化是电子政务产生的内在动力。国际互联网和电子数据交换技术为电子政务奠定了物质基础和技术基础。

电子政务之所以在20世纪末得到迅速的发展，并被视为传统政务的必然发展方向，有着特定的社会根源。分析电子政务的提出和发展历程，可以归纳出电子政务产生和发展的一些条件和诱因。

**1．电子政务的产生源于现代信息技术的发展和广泛应用**

信息技术的发展和广泛应用对政府管理的影响是革命性的。一方面，它使信息的收集、整理、加工、分析和传播更为有利，缩短了政府、企业和公民个人之间的相对距离，加强了管理主体和客体之间的信息沟通和信息反馈，从而加强了两者之间的密切联系和相互作用。另一方面，信息技术也增强了公民和社会在信息和知识方面的占有量，从而削弱了传统政府的优势地位，向传统政府官僚体制提出挑战，使政府、企业、社会组织、公民个人的共同管理、民主管理、参与管理成为一种需求和可能。

2. 电子政务是政府改革的内在需求

传统的政府管理体制是建立在韦伯的科层制理论基础上的，是一种金字塔型的管理机构。它是工业技术革命的产物。20 世纪 70 年代以来，在经济全球化、信息网络化和新公共管理理论的推动下，西方国家纷纷掀起了以市场导向为价值取向，以权力下放、规章制度精简、管理层级压缩、公务员队伍裁减为手段的政府改革运动。

以美国政府为例，1993 年成立了以副总统戈尔挂帅的“美国业绩评论委员会”（National Performance Review，简称 NPR）。在短短 5 年内，美国联邦政府就精简了 35 万雇员，占联邦雇员总数的 16%，其中联邦人事总署裁减的幅度就高达 47%。

我国于 1998 年开始实施的中央政府机构改革，将原来的 47 个重要部级单位调整为 29 个，加强了宏观经济管理部门，减少了专业职能部门，机构改革取得了明显的成效。利用先进电子信息技术手段，提高政府工作效率，推进政府改革，成为各国政府的重要战略，在这种形势下，电子政务应运而生了。

## 二、电子政务的内容和作用

### （一）电子政务的内容

电子政务虽然是政府部门办公自动化、网络化、电子化的产物，但绝对不仅仅像政府互联网那么简单。它包括网上信息发布、政府政策公开等多方面的资源建设。

1. 政府的信息服务

各级政府在互联网上建有自己的网站，公众可以查寻其机构构成、政策法规、政务公告，相当于政府的“窗口”。网站一方面为公众提供信息服务，另一方面加强了政府与公众的沟通和联系。

2. 政府的电子贸易

政府的电子贸易也就是政府的电子采购，既能提高政府工作的透明度，促进廉政建设，又能够节省政府开支，提高政府工作效率。

3. 电子化政府

随着政府办公的自动化、网络化，不仅各部门内可以形成局域网直接连通，而且各部门也可以相互间连通起来，实现资源共享、信息互通，这是许多政府已经做到的一部分。政府在网上办公，比网下办公的效率要高得多，用安全认证等技术作保证，同样具有可靠性、保密性。

4. 政府部门重构

随着“信息高速公路”的发展，传统的政府工作模式已经无法适应，必须通过上网的方式来改革政府工作流程，使之更加合理化，提高政府的工作效率。

5. 群众参政议政

人们可以通过上网的方式发表自己的意见，参与有关政策的制定，还可以给国家领导人发邮件。这是民主化进程的重要一步，是信息技术发展促进人类社会进步的更高阶段。

6. 电子身份认证

用一张智能卡集合个人的医疗资料、居民身份证、工作状况、个人信用、个人经历、收入和纳税情况、公积金、养老保险、房产资料、指纹等身份识别信息，通过网络实现政府部门的各项便民服务程序。

(二) 电子政务的作用

1. 有助于政府工作的公开，推动民主政治和廉政建设

电子政务的出现引起政府工作方式的变革，由集中权威方式走向分权民主方式。为了加强社会主义民主政治建设，需要让公众更多地了解国家和地方各方面

的情况，尤其要使公众知晓有关切身利益的政府工作情况，取得对政府工作的理解、支持，为他们参政、议政创造条件。只有在法律上明确保障公众获取政府信息的权利，使他们透视政府机构的活动，享有充分的知情权，才有可能确保他们的参政权、议政权，将政府各部门及其公务员置于有效的监督之下，促进政府工作的民主化和科学化。另外，新技术的运用会导致绩效规范的突变性转换。政府决策通过新技术的运用将成为决策群体每个人的责任。有效的技术运用会成为改革的推动力，有利于职员接受变革的精神和程序；有利于保障在成功创业方面的个人所有权以及变革文化的持续发展。有效的技术运用会提高员工的积极性和主动性，推进创新文化的形成，使变革的阻力减少到最低。政府的行政组织变革和公务员的行为变化都因为新技术的变化而成为可能。

电子政务的工作方式体现了一种分权与民主的特征，捍卫了效率与理性，成为信息化潮流下的政府形态之一。它扩大了公民参政渠道，更新了参政技术手段，通过电子民意调查、电子公民投票、电子选举、电子邮寄等方式，使公民能够进行利益表达以影响政府的行为，政府倾听民意，作为决策的参考。互联网可以看作是政府与公民间的一座电子桥梁，它的参与推动了公民与政府的直接对话，提高了民意在政府工作中的分量，从而极大地促进了民主政治的发展。同时通过网络，政府的各项活动可以受到公众的监督，这对于发扬民主，搞好政府部门的廉政建设很有意义。

**2．提高政府工作效率，转变政府职能**

传统的政府管理相对滞后，不能完全适应知识经济的要求。知识经济的发展必然要求有与之相适应的政府管理。我国政府管理由于长期以来受到计划经济的影响，市场经济体制还不够完善，还存在着许多与知识经济发展不相适应的地方，这些不适应的因素严重地制约了知识经济的发展。

面对这些困境，人们发现新的信息技术将促进政府转型。首先，信息技术的发展促进了信息资源的高度整合与利用，使“信息”成为权力运作和资源分配过程中最有分量的砝码。其次，信息技术的发展改变了信息收集、处理、储藏以及传送的方式，能有效地革除那些由手工作业或个人恶劣动机导致的信息匮乏和信息欺骗的行政弊端，还能通过最大限度地掌握资讯，改善决策者的有限理性，提高决策质量。

电子政务能使政府职能由管理职能向管理服务职能转变，从而促使行政办公效率的提高。一方面，网络化加强了政府的信息置换功能。政府可以使用各种新技术手段实现信息化管理，收集信息、处理信息、传递信息、沟通信息将以更快捷、更经济的方式进行，政府的整体行政效率将大幅度地提高。另一方面，信息可以在组织内部为更多的人所分享，越来越多的问题在较低的层次就可以得到解决，以上传下达为主要工作内容的中层管理可以大大地精简，行政程序大大地简化，行政效率大大地提高。

基于网络的电子政务会有极高的工作透明度和前所未有的办公效率，数字化的办公方式也会使电子政务更加廉洁。

**3. 可以推动行政管理现代化**

（1）管理“硬件”的现代化。信息技术革命使现代行政管理系统的管理组织运行日益技术化，管理手段现代化。随着信息高速公路的开通和拓展，人们建立了许多从前无法想象的管理系统，办公自动化、多媒体、计算机设备成为行政管理中的重要硬件，管理越来越呈现数字化、模型化和计算机化。计算机网络是直接、高效的管理工具，并且与全球的管理系统融为一体。

（2）管理“软件”的现代化。在思想管理方面，管理者越来越强调办事的效率，并采用自然科学和社会科学等多学科的知识，管理从定性走向定性与定量相结合。在管理方法方面，可采用具有广泛外延的系统方法，如全面管理方法（包括全面计划管理、全面经济核算、全面质量管理和全面设备管理）、优选法、价值工程、网络技术、计划评审技术、预测技术等，将得到网络信息技术的支持并贯穿于整个管理过程之中。同时，采用具有远距离控制，分布式统一协调、动态网络计划等新的管理方法和管理措施也将成为可能。

（3）管理参与者的现代化。在行政管理系统中，人永远是最重要的因素。各种管理手段、管理方法、管理设备都需要人去掌握和实施。作为管理主体的行政人员，在网络时代将不得不具备丰富的知识、多样的技能，他们是通才而不是专才，他们拥有创新精神而不能因循守旧。同时，网络教育的发展也使得作为被管理的人获得较高的素质，并具有更强的自律性、自我组织能力和参与意识。管理对象特征的改变，将导致行政管理系统管理方式的革新。

**4．有助于推动组织决策发生变革**

决策是行政管理运行职能的前提和核心。网络信息技术的发展和运行，对决策活动产生了深刻的影响。

（1）决策权的分化。在信息时代，行政管理环境的复杂性在不断地提高，非常规化、非程序化的决策增多，决策的目标更多的是面向未来，因而风险也在增大，使分散决策权成为必要；同时，对问题的快速反应和快速处理，不仅要求及时决策、就近决策，也要求决策权分散到各个问题的发生地；另外，行政组织权威的基础被建立在知识和信息之上，而知识和信息的分散决定了权威的分散性，进而决定了决策权的分散化。

（2）改进决策者的有限理性。根据管理决策理论的创始人西蒙的观点，在不能获得足够信息的情况下，人们的决策行为只能是有限理性的判断和决策，不可能存在最优模式。网络信息技术的发展使管理者在任何时候都可以得到恰当的信息，这就改善了决策者的有限理性。并且，使决策者可以根据信息及时发现问题，确定目标；可以根据信息确定尽可能多的方案；可以利用信息对每一个方案进行系统的分析，并对比择优，从而可以大大提高决策的科学性和合理性。以计算机互联网为基础的信息技术，对完成程序化决策的功能和效率是不言而喻的，对非程序化决策也可以提供强有力的信息支持。

（3）促进决策的科学化。科学的决策尤其是复杂的决策，需要先进的智囊系统和信息系统，也需要一些现代自然科学及统计学的方法，如系统分析法、可行性论证、群体讨论等。这些辅助系统和科学方法功能的发挥都是以全面、及时、经济、准确的信息收集和处理分不开的。网络信息技术使这些决策工具和方法的运用变得简单化、可操作化，从而大大提高了决策的有效度和效率。

（4）提高决策的民主化。在组织内部，层层参与决策、人人参与决策，智囊团和专家人员的意见能得到及时反馈，决策的民主化程度大大提高。在组织外部，社会公众和有关社会组织利用便利的互联网可以自由地发表自己的意见和看法，也可以及时提出自己的要求。对一些关系重大、影响面宽的复杂决策，政府组织的决策核心可以把决策的意图提出来，让大家在互联网上提出方案；也可以把已制定或收集的决策方案在网上讨论，充分利用大家的聪明才智做出科学决策。

**5．有助于推动组织领导方式的转型**

在网络时代，行政组织的领导者将面临前所未有的挑战：如何把分散的各部门整合在一起，既保持员工个人和团体的自主性，又维持他们行动的集中和协调；如何重整对外关系并创造新的机遇；如何在动态的网络组织中保持责任感；如何将持续的学习或培训和快速反应的能力融入组织的结构之中等。这就需要对传统的领导方式进行革新。

（1）人本管理。传统的领导者注重以“物”或“任务”为中心。领导者要求下属成为标准的“行政人”，以便实行规范的标准化管理。但这种使人异化为物的管理方式，不利于人的创造性的发挥。随着网络的发展，网络信息技术使组织管理更多建立在知识和能力之上，只有充分调动工作人员的积极性、创造性，才能取得较好的组织绩效。

电子政务能实现以人为本的领导方式，把传统的“管人”变成“解放人”“开发人的智能空间”，重视知识和人才作用的发挥。这就要求组织者做到：不仅善于利用赞赏、表扬或荣誉等传统的精神激励及其他物质激励方法，而且善于授权和赋予下属责任感；善于利用咨询下属意见和建议、参与决策、自主管理、目标管理等参与管理方式；善于培养责任感与合作的团队精神，增强组织的凝聚力；善于组织员工利用信息共享来实现共同提高，善于组织和引导组织学习；善于集中下属智慧和统一行动；以身作则，勇于接受改变和发挥示范作用，充分施展领导的非权力影响。

（2）重视组织文化建设。传统的领导方式强调规章制度建设，而信息时代的领导方式则注重文化建设。组织文化是在组织管理领域产生的一种特殊的文化倾向，是组织管理精神世界中最核心、最本质的东西。组织文化是一个组织在长期发展过程中形成的，把组织内部全体成员结合在一起的日常行为方式、思维方式、价值观念和道德规范。良好的组织文化反映了该组织成员的整体精神，共同的价值标准、合乎时代的道德和追求发展的文化素质。它是维系着组织内部人与人之间的关系，保证着组织成员为实现组织目标自觉地团结协作；通过潜移默化来影响组织的行为；保证组织行为的一致性。它是一种文化管理、自我管理、内在管理，对组织标准管理和制度管理起到补充和强化的作用。组织文化是一种软管理和领导方式。它通过构筑共同的价值观和责任感、使命来保证组织职能的实现。在网络时代，组织领导者的主要职能之一就是塑造良好的组织文化，并引导组织文化不断发展。

（3）注重创新管理。面对不断变化的行政环境和多样化的管理需求，不断地创新将成为未来量度方式的主旋律。行政组织的领导者必须敢于面对挑战，以追求卓越的精神，并且不断地进行战略创新、制度创新、组织创新、观念创新，而不是传统的固守惯例。领导者要善于利用不断涌现的知识和信息来解决不断涌现的新问题。

**（三）电子政府与传统政府的区别**

通俗地说，电子政府就是通过在网上建立政府网站而构建的政府。电子政府的实质是把工业化模型的政府——即集中管理、分层结构、在物理经济中运行的政府——通过互联网转变为新型的管理体系，以适应全球化的、以知识为基础的数字经济，适应社会运行的根本转变，这种新型的管理体系就是电子政府。其核心是：大量频繁的行政管理和日常事务都是通过设定好的程序在网上实施，大量决策权下放给团体和个人，政府重新进行职能定位。

建设电子政府就是运用信息技术打破原政府部门之间的界限，使人们可以从不同的渠道获得政府的各种政策信息和服务。政府部门之间以及政府与社会之间由电子化渠道进行相互沟通，并提供各种不同的服务选择，组成一个每天 24 小时运行的网络体系。通过建设电子政府，政府就可以借助互联网强大的信息收集和传递的能力，大大增强政府在收集信息、传递政策信息方面的能力，从而有助于增强政府协调和控制各种社会活动的职能。关于传统政府和电子政府的区别（见表 6-1 所示）。

表 6-1 传统政府和电子政府的区别

| 传统政府 | 电子政府 |
|---|---|
| 实体性 | 虚拟性 |
| 区域性 | 全球性 |
| 集中管理 | 决策权下放 |
| 政府实体性管理 | 系统程序性管理 |
| 垂直化分层结构 | 扁平化辐射结构 |
| 在传统经济中运行 | 在以知识为基础的数字经济中运行 |

## 三、电子政务的技术支持与制度环境

### （一）电子政务的技术支持系统

电子政务的技术支持系统应包括电子政务的基础平台（包括网络体系、资源体系）以及基于基础平台的应用体系。此外，还应包括保证电子政务安全运行的安全体系和作为电子政务建设依据的标准体系。

#### 1．电子政务的网络体系

电子政务的网络体系提供了电子政务管理赖以实现的网络环境资源，一般分为政府内网、政府专网和公众服务网。政府内网服务于政府机构的日常电子化办公，实现包括公文收发、会议管理、人员管理、项目管理、财务管理等完整的电子办公功能，极大地提高了政府机构的管理能力和工作效率。政府专网实现政府内部上下级单位之间的垂直互联。在政府专网中，按照政府业务可划分为各种办公业务资源网，它包括各类政务事务处理系统、管理信息系统、决策支持系统以及应急指挥系统。公众服务网实现政府与公众之间的横向互联，为政府对社会所实施的各种管理与大量的公共服务提供了平台，由它构成的整个网络体系提供了纵横交错的全方位网络服务。

2．电子政务的资源体系

政府信息资源是十分丰富的，包括诸多方面的内容，如国家和地方的政策、法律条例，国际、国内重大政治新闻，经济运行分析，社情民意动向，统计报表，各种公文，会议情况等。政府信息资源主要为电子政务系统提供内容。如果说网络基础设施主要是电子政务系统的硬件，那么，信息资源就是电子政务的重要软件。电子政务的资源体系是围绕信息资源而进行的所有建设工作、管理工作的有机的完整的体系。资源体系应建立在政府信息资源开发和应用的基础之上，要体现政府信息公开和面向社会服务的原则。资源体系的建立包括一系列配套性的工作，如制定政府信息库建设规范、信息资源采集、加工和发布以及管理实施标准，制定统一的规划和技术标准等。

3．电子政务的应用体系

电子政务的应用体系是建立在电子政务数据信息及中间件平台基础之上的，是由各类业务应用基础支撑组件、多个业务管理和政府信息应用系统等共同组成的复杂应用体系。电子政务应用体系主要包括基础数据中间件层、基础应用组件平台层和业务应用系统层。基础数据中间件层在应用体系中主要起着异构系统整合、通信可靠性保障及提高应用系统运行效率等作用。基础应用组件平台层是基于当前分布式多层架构和组件技术构建的，组件为电子政务应用体系提供了标准化模块，组件平台就是这种成熟的标准化模块的集合。业务应用系统层是直接面向政府机构、面向服务对象、面向应用领域的工作系统。不同机关、不同行业、不同功能的业务系统构成了电子政务应用体系的主体。政府部门的应用需求各有不同，其办公流程在细节上也千差万别，但围绕电子政务相关的 3 大行为主体（政府部门及其工作人员、企事业单位及其他社会组织、社会公众）形成了“办公自动化系统”“电子政务门户网站”“公众服务系统”“信息资源管理系统”“智能化分析与辅助决策系统” 5 类应用模式。

4．电子政务的安全体系

为保证政府网各种信息系统的安全，往往在电子政务系统中采用多种手段，如通过物理隔离、逻辑隔离、数据加密、防火墙、系统安全加固、入侵监测与漏洞扫描、安全审计、病毒查杀、身份认证与授权、系统备份与灾难恢复等技术手段以及安全策略管理、规章制度建设等管理手段的综合运用，为政府提供一个安全的信息平台。

**5．电子政务的标准体系**

电子政务标准是以电子政务的理论研究和实践发展为基础，经政府相关部门与代表厂商协商一致，由政府主管部门批准，以特定形式发布，在电子政务发展过程中需要共同遵守的准则和依据。电子政务的标准体系涉及面较广，总的来说，可以分成 1 个总体标准和 5 个分标准两个层次。电子政务总体标准是关于电子政务发展的总体性标准，主要包括电子政务基础性标准、总体规范及技术框架等，在整个电子政务的标准体系中具有全局性、指导性的地位。总体标准相对来说概括性比较强，而且一旦确定，有相对较长的稳定性。电子政务的五个分标准则是网络基础设施标准、应用支撑标准、应用标准、信息安全标准和电子政务管理标准。

**（二）电子政务的应用**

电子政务经历了多年的发展，已经得到了广泛应用。概括起来，电子政务的应用主要包括以下几个方面：政府间的电子政务应用、政府与公务员间的电子政务应用、政府与企业间的电子政务应用和政府与公众间的电子政务应用等。

**1．政府间的电子政务应用（government to government，G to G）**

政府间的电子政务应用主要是指上下级政府、不同地方政府、不同政府部门之间的电子政务应用。这类应用致力于政府办公系统自动化建设，促进信息互动、信息共享以及资源整合，提高政府内部的行政效率。政府间的电子政务应用主要包括：

（1）政府内部网络办公系统。政府内部网络办公系统是指政府部门内部利用办公自动化系统（OA）和 Internet / Intranet 技术完成机关的许多事务性工作，实现政府内部办公的自动化和网络化。

（2）电子政策法规系统。G to G 电子化方式可以传递不同政府部门的各项法律、法规、规章、行政命令和政策规范，使所有政府机关和工作人员真正做到有法可依、有法必依，具有十分明显的速度和管理成本优势，既可做到政务公开，又可实现政府工作人员和公民之间的“信息对称”。

（3）电子公文系统。在电子政务条件下，公文制作及管理实现电脑化作业并通过网络进行公文交换，公文制作更加规范化、科学化和无纸化。

（4）电子档案管理系统。电子文件的产生，向电子政务提出了电子档案管理的问题。在电子档案管理的整个流程中，包括案卷管理、目录管理、档案借阅、档案统计、档案销毁等环节都有着与传统档案管理不同的内容和要求。电子档案管理系统就是为了解决上述问题而产生的。

（5）电子财政管理系统。电子财政管理系统可以通过网络向政府主管部门、审计部门和相关机构提供分级、分部门、分时段的政府财政预算及其执行情况报告，包括从明细到汇总的财政收入、开支、拨付款数据以及相关的文字说明和图表，便于相关部门和领导及时掌握和监控财政状况。

（6）政府网络管理系统。政府网络管理系统主要是为政府处理各种业务提供服务，包括纵向网络管理系统和横向网络管理系统。纵向网络管理系统主要适合于一些垂直管理的政府机构，如国家税务系统、海关、国土资源等部门通过组建本系统的内部网络，形成垂直型的网络化管理系统，以实现统一决策、分层控制和实施、信息实时共享，提高系统的整体决策水平和反应速度。横向网络管理系统是指通过网络在政府不同部门、不同地区政府部门之间进行横向业务协调来实现政府的有效管理，其目的主要是通过网络的应用，使原本分散在不同部门、不同地区的决策信息得到有机集成，为不同决策者所共享，减少部门间、地区间的相互推诿现象，提高决策的准确性和作业效率。

**2. 政府与公务员间的电子政务应用（government to employee，G to E）**

政府与公务员间的电子政务应用模式包括：第一，在对公务员的日常管理中利用网络进行日常考勤、出差审批、差旅费异地报销等。这既可以为公务员带来很多便利，又可节省领导的时间和精力，还可有效降低行政成本；第二，公务员招聘可以在网上进行。网上招聘具有两大优势，即方便快捷和信息丰富。方便快捷是因为求职者可以直接从网上获得自己所需要的信息，而不需要亲自去招聘单位了解情况；人事部门利用数据库对求职者在网上提交的信息进行审核、查询等处理，大大提高了工作效率。信息丰富是指两个方面：关于岗位招考、招聘的信息丰富，可以链接到有关政府部门的介绍；政府部门也可以有对比性地找到合适的人才；第三，对公务员的培训也可以在网上进行。公务员可以借助网络随时随地注册参加各类培训课程、接受培训、参加考试等，为打造知识型政府、学习型政府奠定良好的基础；第四，政府通过建立整体性的电子邮递系统，提供电子目录服务，提高政府部门与公务员之间的沟通效率；第五，可以对公务员进行网络业绩考评，即利用网络技术构筑起业绩考评系统，既可以对业绩考评的各项指标进行量化考核，又可以通过网络实现远程考评，还可以实现公务员之间的横向比较以及不同时期的纵向比较，使考评更加科学、公平与公正。

3. 政府与企业间的电子政务应用（government to business，G to B）

政府与企业间的电子政务应用可以让政府通过电子网络系统高效快捷地向企业提供各种管理、服务和政府采购活动的信息。第一，政府采购部门可以利用电子化政府采购及招标系统实现网上采购。供应商直接将标书传送到网站，政府采购部门可以按照招投标程序开标，并邀请有关专家在线评议，在网上实时发布评估结果。这种采购及招标对于减少暗箱操作具有重要意义，同时还可减少政府和企业的招投标成本，缩短招投标的时间。第二，建立电子税务系统使企业直接通过网络足不出户地完成税务登记、税务申报、税款划拨等业务，并可查询税收公报、税收政策法规等事宜，既方便了企业，也减少了政府的开支。第三，建立电子工商行政管理系统，让政府通过网络来实现证照管理。这既可大大缩短证照办理时间，还可减轻企业人力和经济的负担。电子证照系统可使企业营业执照的申请、受理、审核、发放、年检、登记项目变更、核销以及其他相关证件如统计证、土地和房产证、建筑许可证、环境评估报告等的申请和变更都在网络上进行办理。第四，通过网络进行电子外经贸管理，如进出口配额许可证的网上发放、海关报关手续的网上办理以及网上结汇等，都是行之有效的外经贸管理方式。第五，建立与企业经营管理活动相关的电子资料库，收集政府各方面的数据和信息，为企业和社会提供多种信息服务，如商标注册管理机构可以提供已注册商标的数据库，供企业查询；科技成果主管部门可以在网上公开发布有待转让的科技成果；质量监督检查部门可以在网上公布假冒伪劣的产品和企业名录，以保护有关厂家的利益；政策、法规管理部门可以向企业开放法律、法规、规章、政策数据库等各种重要信息。

4. 政府与公众间的电子政务应用（government to citizen, G to C）

电子政务广泛地应用于政府与公众之间，是政府通过电子网络系统为公众提供从出生、入学、就业、社会保障到死亡等整个生命周期中的各种服务的途径。G to C 致力于网络系统、信息渠道以及在线服务的建设，为公众提供更便捷、质量更佳、内容更多元的服务。G to C 是电子政务的重要方面，主要发生在政府职能部门与各种社会团体及个体之间。具体内容包括：第一，电子身份认证，即通过一张智能卡集合个人的医疗资料、身份证、工作状况、个人信用、个人经历、收入及缴税情况、公积金、养老保险、房产资料、指纹等身份识别信息，通过网络实现政府部门的各项便民服务程序。电子身份认证使公众能够通过电子报税系统申报个人所得税、财产税等个人税务，不但可以加强政府对公众个人的税收管理，而且可方便个人纳税申报。此外，电子身份认证还可使公众通过网络办理结婚证、离婚证、出生证和财产公证等手续；第二，面向公众的电子公共服务，如公众日常管理服务、电子化社会保障服务、电子化教育服务、电子化就业服务、电子化交通运输服务、电子化旅游服务等；第三，接受公众通过网络发表的对政府有关部门和相关工作的看法，公众参与相关政策、法规的制定；公众还可以直接向政府有关部门的领导发送电子邮件，对某一具体问题提出意见和建议。

### （三）电子政务安全管理

在电子政务建设中，安全问题成为阻碍其发展的重要因素之一。病毒、黑客侵袭信息网络系统的例子不胜枚举，这些破坏行为会带来巨大的经济损失，尤其是对政府网络系统而言，除了经济损失外，还会对国家安全、社会稳定甚至是人类生存等带来重大影响。所以，如何保障电子政务信息的机密性、完整性、可用性、可控性和不可否认性，就成为电子政务安全的主要内容。

电子政务安全管理就是采取一整套科学合理的管理手段来实现电子政务的安全目标，具体内容包括：第一，设备安全，即建立防范机制以防范电子政务物理设备不因自然灾害、设备老化或人为破坏等原因而遭受损失；第二，信息安全，即在信息传输、信息存储、信息访问等环节上建立完整的保障机制；第三，技术安全，即在技术体系上要有有力保障的防火墙技术、防病毒技术、入侵检测与漏洞扫描技术、认证与加密技术，要提高核心技术的国产化和自主开发能力，对应用于政府网络中的所有设备、软件必须进行严格的安全检测；第四，管理安全，即制定统一的安全管理规范和相关的法律法规，使电子政务的安全管理制度化、法制化；第五，政治安全，即增强政治防范意识，采用法律威慑、管理制约、技术保障和安全基础设施支撑的全局治理措施，防止国外不良势力和国内的不法分子利用网络进行各种煽动、颠覆和破坏活动。

根据电子政务的典型业务模型，电子政务安全管理需要从以下几个方面着手：

**1．办公环境的安全问题**

为了保障电子政务安全，首先需要考虑办公环境的安全问题，即电子化的办公系统在运行过程中的安全问题。其中包括办公人员的身份确认问题、不同级别的政府官员和办公人员的权限控制问题、办公系统中的数据安全使用和存储问题、日常的病毒防范问题、对付网络攻击的问题，以及物理环境安全问题等。

**2．内部网络的安全问题**

电子政务系统是在网络环境下运行的，因此，网络安全是安全保障的重要内容之一，它具体包括不同政府部门或不同级别的机构之间广域网数据传输的机密性和完整性问题、上下级之间网络互访的可控性问题，以及广域网有效带宽的可用性问题等。此外，还包括政府移动办公的安全问题，如政府官员移动办公的身份确认、权限控制和数据通信加密等问题。

3．对外服务的安全问题

电子政务不仅仅是内部办公的问题，还涉及许多对外服务的内容，包括对企业和个人的服务。其中也存在很多安全问题，如公众访问权限的可约束问题，信息服务文档的防篡改问题，网络服务平台的可用性问题，网络访问的可控性问题，信息交互的机密性、完整性及不可否认性问题等。

电子政务安全管理还包括风险控制和风险管理。从客观方面说，自然灾害、电力供应系统的故障、静电或强磁场、设备本身机能缺陷等都有可能出现；从主观上讲，也可能出现人为过失或者恶意破坏等，还可能存在管理上的漏洞。这些情况中的任何一项如果在某个时刻出现，都会对电子政务系统造成极大的危害，因而，要求在电子政务管理中提高安全警觉和防范意识，只有做到有备方能无患。不过，从实践上看，近些年来，世界各国都对电子政务安全管理给予了足够的重视，在制定国家信息安全战略、完善相关的法律法规、建立统一的管理机构、加强标准的制定和核心技术的研发、强化人员的管理以及加强信息安全基础设施的建设等方面做了大量工作，目的就是要建立一个有安全保障的电子政务系统。

# 第七章　现代公共管理的改革与发展

## 第一节　新世纪公共管理面临的挑战

### 一、信息时代对公共管理的挑战

正如蒸汽机的发明和应用标志着人类社会进入工业社会一样，计算机、国际互联网、移动通讯等高新科技的发明和广泛应用，也标志着我们进入了一个新的时代——信息时代。在信息时代，信息技术革命从来没有像现在这样深刻地影响着世界的经济、社会、政治和文化的发展。以信息技术（IT）、人工智能（AI）、生物技术（biotechnology）、材料科学（material science）为代表的高新技术革命不仅在深刻地改变着人类的经济结构、社会结构和生活方式，而且还对政府治理乃至整个公共管理的过程、手段和方式产生着巨大影响，并使其面临着一系列前所未有的挑战。

**（一）信息技术打破了国家对信息和传媒的垄断**

以互联网为代表的信息技术的开放性、非中心性、离散性打破了传统的分层次、分阶段的信息传递模式，形成了一体化的信息传递模式。凭借互联网技术的支持，任何一个节点上的个人或社区（组织）都可以以低廉的成本自由地、大范围地发布和传播信息，同时又可以个性化地选择和吸纳信息，参与各种政治、经济和文化活动。这在很大程度上使得传统的层级控制无能为力。正如尼古拉·尼葛洛庞帝在《数字化生存》中所说的，每个信息可以经由不同的传输路径，从甲地传送到乙地。正是这种分散体系结构使互联网能像今天这样三头六臂。传统科层制级别层次多、等级次序严，实质上对信息和传媒有着某种垄断作用。而以互联网为代表的信息技术则创造了一种全新的公共空间和信息扩散途径，实现了信息的快速传递和信息资源的广泛共享。

**（二）信息技术改变了传统的政治参与方式**

虚拟社区和网络政治组织的大量出现改变了传统的政治参与方式。根据一般的政治理论可知，当政治制度还不够成熟时，无序的政治参与极容易导致政治动乱。因此，在很多后发展国家一般都通过各种各样的方式，把政治参与控制在政府能够承受的范围内，并对那些自发组织的政治参与实行严格控制。然而，随着以互联网为代表的信息技术的快速发展，虚拟社区的数量也迅猛发展，它依照不同的主题把社区内的人群进行分类、细化，并通过多种互联技术把这些公众联系在一起。这种全新的政治参与方式，在提高公众参与政治的兴趣的同时，也给国家政治系统的稳定带来了冲击。

### （三）信息技术使政府形象的塑造受到挑战

政府形象是公众心目中对政府的政策表现以及公务员的言行所形成的总体印象和评价。良好的政府形象是政府合法性和政府影响力的重要来源，是政治稳定的基础，是现代政治文明的重要体现。因此，塑造良好的政府形象具有极其重要的意义。客观地说，互联网络技术的发展在塑造良好政府形象方面有着积极作用，但是它对政府形象的塑造也提出了挑战：从社会公众的角度看，同以往相比，公众可以凭借互联网的支持更容易、更方便对政府及其工作人员政策和行为进行“监督”。以往我们常说：“好事不出门，坏事传千里”。而在信息时代，坏事就不是传“千里”的问题了，因为互联网可以使得公众对政府政策的评价以及诸多问题的揭发传播到世界任何一个互联网络可以到达的地方；从政府自身的角度看，互联网技术的发展使得电子化政府成为可能。但是，由于对电子化政府为公众提供信息和服务的本质缺乏足够的认识，一些政府部门在建立起自己的网站之后就认为万事大吉了。这样一来，政府网站上的信息陈旧以及服务滞后就难以避免了。当一些政府部门以这样的态度开展自己的所谓的“电子政务”时，其形象自然也就受到了损害。

## 二、全球化对公共管理提出的挑战

全球化的本质是以经济全球化为核心，以通信、信息、服务、资金、劳动、生态、产品等要素自由跨国界移动为主要内容，以文化、教育、科技、政府、社会相互影响为直接后果的一种社会变化趋势，它是世界走向相互依存、相互依赖的一体化过程。如今，随着互联网络技术迅速发展和现代交通工具的日渐发达等，全球化趋势日益增强。相对于公共管理而言，全球化是一把双刃剑，它在为当代公共部门尤其是政府的变革与发展带来积极动力的同时，也提出了众多的挑战和考验。

**（一）全球化冲击着传统的公共治理理念**

全球化充满着激烈的市场竞争，它要求公共部门用更少的成本去做更多的事情，它提倡将市场机制引入到公共管理中来，用成本——效益的方法来考虑公共管理的投入与产出。经济全球化使公众对公共服务有了较多的选择权，对公共服务的质量也提出了更高的要求。有鉴于此，公共管理的存在应当是为民众而存在，公众即是顾客，服务才是政府的本质所在。所以，全球化要求政府实现从“官僚理念”向“责任理念”转变，要求政府实现从“官制型政府”向“服务型政府”转变。

**（二）全球化要求革新传统的政府职能**

在科学技术迅猛发展和生产规模空前扩大的前提下，人们之间的交往越来越国际化、网络化，由此而带来的人口问题、资源问题、环境问题、安全问题以及跨国犯罪等问题成为摆在各国政府面前的公共问题。在全球化特别是经济全球化冲击下，面对空前浩繁的社会公共事务的治理以及人类共同问题的解决，政府需要更多地依赖于引入市场机制，传统的政府职能体系需要不断地被突破、被延伸，政府还需要将其职能从“划桨”转变为“掌舵”。经济合作与发展组织还进一步指出：经济的迅速全球化使得保持国际竞争力显得十分必要，这是公共部门制度革新的一个强有力的推动因素。处理国际问题不再是传统涉外部门的唯一职责，所有政府部门甚至地区和地方政府部门，都必须具有追踪、理解和处理国际问题的能力，这些源于全球化的国际问题正渗透到各国社会和经济问题的各个方面。可见，传统的政府职能体系正面临着市场化、社会化和国际化的趋势。

**（三）全球化对公共决策提出了更高的要求**

在全球化趋势的影响下，信息、知识的扩展以及人们的各种社会生活需求迅速而多变，因此，决策的随机性、区域性、二难性以及时效性大大增强。但是，由于传统的官僚政府决策体制时效性差以及在资源配置上的不合理，无法对社会的动态化做出快速、灵活和有效的反应。因此，全球化要求增强政府对社会需求变化的敏感度，要求对传统的政府决策体制进行结构性的变革。另外，在全球化背景下，以现代信息技术为依托，公民的知情权、参政议政的渠道有了大幅扩展，一些非政府、准政府的决策系统在公共决策中发挥的作用越来越大。同时，全球性公共问题的解决也需要多个国家的政府共同决策。这样，公共决策体系趋于多元化。毫无疑问，决策体系的多元化必然要求公共决策的过程更加透明化和民主化。

**（四）全球化要求政府关注全球公共治理**

全球化导致了全球公共治理趋势。首先，各国政府的治理要与国际惯例接轨。众所周知，现在世界上绝大多数国家已经或正在走向市场经济道路。这种经济体制的趋同过程，也就是各国政府相互兼容、借鉴的过程；其次，各国政府的治理要与国际治理相协调。伴随着全球化浪潮的兴起，人类面临的全球性共同问题越来越多，并且相互交错，纷繁复杂。在这种情况下，如仍像以往那样只关注本国范围内的决策和治理，就不会使这些公共问题得以解决。它必须依赖于世界各国政府的携手、共谋和合作，形成一系列的公共政策。而要形成全球性的公共政策，各国政府就必须在制度、机构以及职能上进行相应的调整，以有利于广泛的国际协调和合作。

随着国际治理准则的不断扩大以及国际协调方法的不断增多，有效的国际合作机制会逐步形成。需要指出的是，国际合作也会使一个国家面临两难选择，在国际合作过程中，既要维护国家独立和主权，又要在某种程度上牺牲主权的意愿作为国际合作的前提。

## 第二节　西方新公共管理改革借鉴

西方国家的公共管理与创新是由政府主导推动的，改革与创新的代表性成果几乎都是在政府的推动下创造的，所以西方国家公共管理改革与创新在一定程度上称为西方国家的行政改革。要理解西方国家公共管理改革与创新的理论与实践，必须对西方国家行政改革的发展历程、当代西方国家公共管理改革的总体情况和一般特征、当代西方国家公共管理的主导模式、当代西方国家公共管理改革与创新对中国改革的启示等内容有较为深入的理解。

## 一、西方国家行政改革的发展历程

西方国家行政改革源于 20 世纪 70 年代的政府改革，它首先发轫于英国、美国、澳大利亚，随后扩展到全世界，引发了各个国家的公共行政改革。公共管理改革侧重于公共行政改革。

要深入理解西方国家行政改革的发展历程，必须理解和认识人类社会发展至今的国家行政的主要模式。对于如何划分国家行政模式，不同的研究者有不同的理解和认识。

学者张康之将迄今为止的人类社会的国家行政模式分为统治行政、管理行政和服务行政。他认为：在人类政治社会的早期，即我们通常所称的传统社会中，行政行为及其模式属于统治行政的范畴；近代社会逐渐成长起来的行政行为及其模式属于统治管理行政的范畴。在现实的公共生活中，统治行政已经失去了生命力，在许多国家已经成为历史陈迹。同时，与近代社会相伴生的管理行政也开始面临冲击。[①]为此，全球各国政府为应对各种压力和冲击，先后推行了程度、范围、策略不一的行政改革，但随即发现形式上的修补已不能解决根本问题，而是需要建立一种全新的行政模式，即服务行政模式。

学者吴江、马庆钰侧重从西方行政发展的实践出发，将国家行政模式分为统治行政、放任行政、管制行政和服务行政，并且认为统治行政对应的时代是中世纪和封建社会，依托的条件是传统农业文明和家长政治制度的存在；放任行政存在于 18 世纪产业革命发生以后，依托的条件是自由资本主义市场经济环境的形成和资产阶级民主政治制度的建立；管制行政出现在工业社会的成熟时期，即 19 世纪 80 年代以后，依托的条件是市场经济环境的充分发展和资产阶级民主政治制

① 张康之．寻找公共行政的伦理视角[M]．北京：中国人民大学出版社，2003：5．

度的成熟；服务行政对应的时代是后工业社会或者叫作信息社会和知识经济时代，确切地说是出现于20世纪70年代末80年代初，依托的条件是成熟的市场经济制度和民主政治制度以及全球化的扩展。[①]以上两种观点各有侧重，综合比较来看，后一种分类模式客观、准确地反映了西方国家行政发展的演进历程，因此更为可取。

## 二、当代西方国家公共管理改革的总体情况和一般特征

当代西方国家的公共管理改革兴起于20世纪70年代末，影响深远。代表性的国家主要有美国、英国、法国、德国和澳大利亚。综合西方国家的公共管理改革的措施，我们就会发现西方公共管理改革总体上具有以下特征：

### （一）公共行政民主化

公共行政民主化包括权力的分散化和放松管制。权力分散涉及民主的价值本原，体现出权力向社会和公民回归的社会历史趋势。权力分散包括“分权”和“权力的非集中化”两种做法，前者是权力与责任的一起下移，后者是将不包括决策责任的权力下移。规制分为政府内部管理规制和政府外部管理规制。外部管理规制又有经济性规制和社会性规制之分。伴随各国政府职能的扩张，规制功能逐渐走向初衷的反面，成为限制企业发展和公民自由的工具。为了恢复民间的自主与活力，放松规制成为这次改革中的主要内容之一。

### （二）公共部门民营化

公共部门民营化即将国有企业和事业单位这类公共部门民营化。改革过程中，各国政府基本认识到政府规模庞大不利于提高管理效能。另外，公共管理学研究者从公共选择理论、委托代理理论、交易成本理论、公共服务的安排与生产理论出发，也必须推进公共部门的民营化。

### （三）公共服务市场化

公共服务市场化即把市场竞争机制引入公共服务，促进提高公共服务的质量。通过市场竞争机制提供公共产品服务是各国在行政改革中普遍实行的措施。具体

[①] 吴江，马钰．25年来国外行政改革分析与评价[J]．新视野，2003（5）：29．

措施有非垄断化与竞争、强制推动竞争、公共部门与私营部门竞争以及公共部门之间的竞争。

**（四）公共运营信息化**

公共运营信息化是大力推行电子政务。公共运营信息化的核心是电子政务。这是随着信息技术在世界范围内的迅猛发展，特别是互联网技术的普及应用，在政府管理领域出现的崭新事务，与此同时，出现的是网络民主和影响深远的互联网舆情。电子政务及电子政府（e-government）首先于 1993 年在美国政府发展起来，此后随着信息化的迅速发展，各国政府都大力推进电子政务的建设。

**（五）重视政府绩效改革**

政府绩效在西方被称为“公共生产力”“国家生产力”“公共组织绩效”“政府业绩”“政府作为”等，其字面意义是指政府所做的成绩和所获得的效益，但内涵非常丰富，既包括政府“产出”的绩效，即政府提供公共服务和进行社会管理的绩效表现；又包括政府“过程”的绩效，即政府在行使职能过程中的绩效表现。政府绩效还可分为组织绩效和个人绩效，组织绩效包括一级政府的整体绩效、政府职能部门绩效和单位团队绩效。重视政府绩效改革是公共管理改革与创新的核心措施。上述公共行政的民主化、公共部门民营化、公共管理的企业化、公共服务的市场化、公共运营的信息化很大程度上是以提高绩效为改革导向的。在政府绩效改革的运动中，以英国与美国的成效最为显著。①

## 三、当代西方国家公共管理的主导模式

西方国家的公共管理改革路径各不相同，各有所侧重，从不同的视角归纳可总结出不同的类型。

首先，从大的历史进程看来，西方行政发展过程中出现的 3 种范式及其主要表现：第一，古典范式。从 18 世纪 80 年代到 19 世纪 70 年代末，“政治—行政”二分法提出之前以贯彻实施“小政府”和“政党分赃制”为代表；第二，现代范

① 程祥国，韩艺．国际新公共管理浪潮与行政改革[M]．北京：人民出版社，2007：252-260.

式。从 19 世纪 80 年代到 20 世纪 70 年代，有学者将其称为传统行政管理阶段，以贯彻实施“官僚行政”和“福利国家”为代表；第三，后现代范式。从 20 世纪 70 年代至今，以贯彻实施“新公共管理”和“新公共服务”为代表，且仍处于实践进程中。①

政府行政可分为公共行政、公共管理和回应治理三种模式（见表 7-1 所示）。

**表 7-1　政府行政的三种模式**

| | 公共行政 | 公共管理 | 回应治理 |
|---|---|---|---|
| 公民与国家的关系 | 服从 | 授权 | 准许 |
| 资深官员的责任 | 政治家、政客 | 顾客 | 公民与利益相关者 |
| 指导原则 | 遵循制度与规章 | 效能与结果 | 责任、透明与参与 |
| 成功的标准 | 产出 | 结果 | 过程 |
| 关键特性 | 公平 | 专业精神 | 回应性 |

此外，根据公共行政理论研究的演进历程，依其运行的主导理论模式来进行区分，有学者对公共行政典范作了如下比较分类（见表 7-2 所示）。

**表 7-2　公共行政的三种典范**

| | 传统官僚制 | 新公共管理 | 整体性治理 |
|---|---|---|---|
| 时间 | 20 世纪 80 年代前 | 1980—2000 | 2000 年后 |
| 管理理念 | 公共部门形态管理 | 私人部门形态管理 | 公私合伙/中央地方结合 |
| 运作原则 | 功能性分工 | 政府功能部分整合 | 政府整合型运作 |
| 组织形态 | 层级节制 | 直接专业管理 | 网络式服务 |
| 核心关怀 | 依法行政 | 动作标准与绩效指标 | 解决人民生活问题 |
| 成果检验 | 注重输入 | 产出控制 | 注重结果 |
| 权力运作 | 集中权力 | 单位分权 | 扩大授权 |
| 财务运作 | 公务预算 | 竞争 | 整合型预算 |
| 文官规范 | 法律规范 | 纪行与节约 | 公务伦理与价值 |
| 运作资源 | 大量运用人力 | 大量利用信息科技 | 网络治理 |
| 政府服务项目 | 政府提供各种服务 | 强化中央政府掌舵能力 | 政策整合解决人民生活问题 |
| 时代特征 | 征政府运作的逐步摸索改进 | 政府引入竞争机制 | 政府制度与人民需求科技、资源的高度整合 |

① 靳永翥．论西方行政管理实践范式的历史演进[J]．西南民族大学学报，2005（7）：151-154.

以上探讨的当代西方国家公共管理改革与创新模式同样可从不同的角度加以区分。由于当代各国公共管理改革路径各异，从不同的角度进行归纳可以总结出不同的类型。

### （一）英美的市场主导模式、欧洲或莱茵模式、东亚的政府主导型模式

按照政府干预模式的不同，各市场经济国家的政府公共管理可以分为英美的市场主导模式、欧洲或莱茵模式与东亚的政府主导模式。[①]

这种划分方法是由厦门大学陈振明教授在其主编的《公共管理学——转轨时期我国政府管理的理论与实践》一书中提出的。该方法以政府干预的深度与广度为切入点，从各国经济发展水平、政治文化与历史传承等方面的差异出发，将各市场经济国家的政府公共管理模式区分为英美的市场主导模式、欧洲或莱茵模式与东亚的政府主导模式。

#### 1．英美的市场主导模式

英美的市场主导模式主要依靠市场调节，政府的干预或调控被限制在相对狭窄的范围内，具有浓厚的自由主义色彩。美国的市场经济奉行凯恩斯主义，以需求管理作为主要调节方式，对社会经济总量进行宏观调控。国有经济比重较小，垄断大企业在经济中起主导作用，政府对企业的调节与干预主要靠维护自由竞争的市场秩序。英国是自由放任思想的故乡，是比较典型的以市场机制作为资源配置手段的自由市场经济。

#### 2．欧洲或莱茵模式

欧洲或莱茵模式的特点是政府宏观调控的力度较大，国有经济的成分也比较大，有明显的混合经济色彩。德国、法国和北欧国家都属于这种模式。法国具有推崇政府作用的国家主义传统，指导性经济计划在政府宏观调控中地位突出。法国对经济实施宏观干预与调节，采用集中管理方式，宏观调控与管理的决策权集中在中央。德国的“社会市场经济”模式则力图实现市场自由秩序与社会均衡原则的结合，政府参与调节，以形成有序的市场经济。这种模式以国家调节和市场

[①] 张康之，等．公共管理导论[M]．北京：经济科学出版社，2003：249．

竞争相结合作为基本方针，以立法形式保护市场公平竞争秩序作为国家的基本任务，以物价稳定、充分就业、适度经济增长和国际收支平衡作为宏观调控的政策目标。

**3．东亚的政府主导型模式**

日本、韩国、新加坡、印尼、马来西亚、泰国等东亚新兴工业化国家所采取的是政府引导市场模式，即采取“亲”市场战略，政府的干预遵循“充分的市场，必要的政府”原则。这种模式与前两种模式相比，政府干预的力度更大，政府在财政、金融、贸易、产业、计划以及社会资本投入、技术开发、人才培养等方面的调控作用突出。

**（二）盖伊·彼得斯的治理模式论**

西方学者在研究思考政府公共管理改革过程中，在系统评价席卷全球的政府改革运动的基础上，探索并提出了政府未来的治理模式。其中最著名的是由美国匹兹堡大学政治学教授、公共管理学大师 B．盖伊·彼得斯博士提出的政府治理的 4 种模式。彼得斯博士在其名著《政府未来的治理模式》一书中，在对传统治理和全球行政改革进行多年潜心研究的基础上，将世界各国各种不同形式和不同程度的改革分为市场式政府、参与式政府、弹性化政府和解制型政府 4 种改革模式，并进一步指出这 4 种模式是改善当代政府治理的主要方式。

**1．市场模式**

市场模式（market model）是改革中最流行、最受推崇的一种模式。这种模式认为，竞争能够提高效率，投入少而产出多；通过竞争可以打破垄断，能促使公营垄断组织对顾客的需要做出反应，从而实现消费者主权与“公民主权”；通过竞争可以提高公共部门组织内部员工的自尊心和士气；当下的行政改革是利用市场并接受这样的假定，即私营部门的管理方法几乎可以说是与生俱来的优越于传统的公共部门的管理方法。人们普遍假设提高政府组织效率的最佳甚至唯一的方法是用某种建立在市场基础上的机制代替传统的官僚体制。正是在这一思潮的影响下，许多国家将市场化作为改革的标杆。通过私有化、公共服务付费制、合同制、建立政府内部市场、分权化等方式推行市场化改革。

2．参与模式

参与模式（participation model）又称授权模式，其主张在观念形态上几乎与市场模式相反。B．盖伊·彼得斯认为，该方法所倡导管理理念与市场化管理相反，它的价值倾向是寻求一个政治性更强、更民主、更集体性的机制向政府传达信号。参与是20世纪90年代的主要政治议题之一。在当今时代，如果没有公众的积极参与，政府很难使其行动合法化。按照参与模式，在传统官僚制模式中被排除在决策过程之外的团体，被允许更多地介入到组织机构的活动中来。该模式认为，传统官僚制的组织结构和管理方式是影响公共管理效率发挥的主要障碍。因而其政治主张是：第一，应该分权，也就是放权于基层，让那些长期处于被动执行的管理者具有参与权；第二，放权于服务对象，也就是给服务对象更多的权利，其理由是，服务对象作为纳税人是政府消费的提供者，是政府服务的最好评判者；第三，共同协商，即有效地吸收基层公务员和社会团体、公众参与政府公共管理。总之，参与模式体现了当代政府重视并激励公民参与公共管理的价值理念。

3．弹性化政府

灵活型政府模式（flexible government model）又称弹性化政府，它是指政府及其机构有能力根据环境的变化制定相应的政策，而不是用固定的方式回应新的挑战。弹性化政府是4种政府模式中最受关注的模式，也是概念最模糊的模式。就基本层面而言，弹性化政府是指政府有应变能力，能够有效回应新的挑战。然而，很多东欧、中欧及发展中国家的政府在这方面的尝试均告失败。因而，对该模式更准确的理解应是，政府及其机构有能力根据环境的变化制定相应的政策，而不是以固定的方式回应新的挑战。该模式主张在组织上建立临时机构以完成一些日常事务和专门性的特别任务，在人事上实施短期的或临时的雇（聘）佣制，在权力上根据地缘管理原则下放权力。在组织机构创新问题上，该模式获得美国里根派和英国撒切尔派的推崇。然而对弹性化政府模式对公共管理的影响问题，学术界仍存在较多的争议。

#### 4．解制型政府

解制型政府模式（deregulating government model）又称非管制政府模式，它的基本含义是通过取消公共部门过多的规章制度，取消过程取向的控制机制，相信并依靠公务员的责任心、潜力和创造力提高政府的行动水平，让政府更具有创新性和效率。该模式的主要思想是改变官僚体制下的官员循规蹈矩的传统，让政府官员尽可能发挥出潜力和创造力，以实现使社会各阶层满意的创造性工作，增进社会的整体利益。其基本主张是：如果取消一部分对官僚机构的限制和制约，政府机构就可以使目前的工作更有效率，而且还可能从事新的创造性工作改进社会的整体利益；如果政府不去干预，政府雇员将会做好自己的工作，用一种虽然不完美但却很合理的方式为公众提供服务。由于该模式的基本观点与 20 世纪 80 年代大多数政治家对待政府作用的看法相比差别很大，解制型政府要想在政治上或实际操作中广泛为人们接受，还需要有一个相对漫长的过程。

### （三）费利耶的治理模式论

英国学者 E．费利耶（E．Ferlie）等人在《行动中的新公共管理》一书中认为，在当代西方政府改革运动中，至少有过 4 种不同于传统的公共行政模式的新公共管理模式，它们都包含重要的差别和明确的特征，代表了建立新公共管理理想类型的几种初步尝试。根据费利耶的论述，这 4 种模式及其特征分别如下。

#### 1．效率驱动模式

效率驱动模式是当代西方政府改革运动中最早出现的模式，往往被称为撒切尔主义的政治经济学。它在 20 世纪 80 年代初及中期居于支配地位，但目前受到了挑战。这种模式代表了将私人部门管理（工商管理）的方法和技术引入公共部门管理的尝试，强调公共部门与私人部门一样要以提高效率为核心。

#### 2．小型化与分权模式

小型化与分权模式在 20 世纪 80 年代虽然没有像效率驱动模式那样处于支配地位，但其影响力正在不断增强，地位日益重要。它与 20 世纪组织结构的变迁密切相关。这种模式派生于这样一种论证：20 世纪前四分之三世纪（1900 ~ 1975）

组织结构向大型化、合理化、垂直整合等级（科层制）的历史转变已走向它的反面，20 世纪最后的 25 年出现了组织发展的新趋势，包括组织的分散化和分权，对组织灵活性的追求，脱离高度标准化的组织体制，日益加强的战略和预算责任的非中心化，日益增加的合同承包，小的战略核心与大的操作边缘的分离等。

**3．追求卓越模式**

追求卓越模式显然与 20 世纪 80 年代兴起的企业文化（公司文化）的管理新潮有关，特别是受《公司文化》和《追求卓越》两本畅销书的影响。这种模式部分反映了强调组织文化重要性的人际关系管理学派对公共部门管理的影响。

**4．公共服务取向模式**

公共服务取向模式是目前最不成熟的模式，但却展示出了无穷的潜力。它代表了一种私人部门管理观念和公共部门管理观念的新融合，强调公共部门的公共服务使命，但又采用私人部门“良好的实践”中的质量管理思想。它赋予新型公共部门——既与以往旧的公共组织决裂，又保留了明确的认同感和目标使命——以合法性。

## 四、当代西方国家公共管理改革与创新对中国改革的启示

随着市场化、全球化、信息化进程的推进，针对我国的具体国情，有选择地比较借鉴西方公共管理改革与创新的成功经验能为我国公共管理改革的顺利推进提供很好的教益。考察西方公共管理改革与创新的历程及其具体措施，我们认为以下 6 种经验值得我国借鉴吸收：第一，重视通过立法推进行政改革、保障改革的重要成果。西方国家往往在改革之初就制定相关法律，以规范改革的路径、方式和步骤；第二，合理划分政府职能是改革成功的关键；第三，裁减冗员，精简政府机构，简化办事程序，改革繁文缛节是西方国家公共管理改革的重要表现；第四，重视引入竞争机制，提高政府公共管理和服务的效率和质量是西方国家公共管理改革的重要措施。一方面，西方国家通过在政府内部推行绩效考评机制，促进政府和公务员努力提高工作绩效；另一方面，通过在公共服务领域推行市场化和民营化，有力地推动了公共服务质量的改善；第五，积极推行电子政务是政

府管理和服务顺应信息化时代的必然要求；第六，推行财政预算改革，实现低成本的有效管理是西方各国公共管理改革的普遍措施和追求。

## 第三节 当代中国的公共管理改革

### 一、改革开放以来中国政府改革的回顾与反思

#### （一）改革开放以来中国政府改革的回顾

众所周知，自 1978 年底以来，中国社会进入了改革开放的新时期。改革开放期间，中国政府改革共经历了 4 次大规模的政府改革：

1．1982 年改革

1982 年，为适应经济体制改革和对外开放，我国进行了一次自上而下的、历时 3 年之久的政府改革。在这次改革的重点是精简机构、裁减人员、推动领导干部队伍年轻化。据统计，经过改革，在机构方面，国务院各部委、直属机构从 100 个降至 61 个；省级政府组成部门从 50～60 个降至 30～40 个；县政府部门从 40 个降至 25 个左右。在人员方面，国务院各部门从原来的 5 万多人降至 3 万多人；省级机关人员从 18 万人降至 12 多人；县级机关人员比原来约下降 20%。在领导人员任职方面，部级领导班子的平均年龄由 64 岁降至 60 岁；局级领导班子平均年龄由 58 岁降至 54 岁。这次改革为经济体制的全面改革铺平了道路，为此后进行的政府改革积累了经验。

2．1988 年改革

1988 年的政府改革以转变政府职能为关键，以经济管理部门为重点。要求按照政企分开的原则，把直接管理企业的职能转移出去，把直接管钱、管物的职能分离出去，使政府对企业的管理由直接管理逐步转向间接管理。在机构改革方面，注重强化综合管理部门、经济调节部门、监督部门和社会保障部门，适当弱化专业管理部门。改革后，国务院部委由原来的 45 个降至 41 个，人员编制比原来减少了 9700 多人。此外，地方政府机构改革也取得了一定进展。

3．1993 年改革

1993 年的政府改革是以适应社会主义市场经济发展的要求为宗旨，重点是在于转变政府职能，理顺政企关系，精简政府机构和人员，改革的根本途径是政企分开。同时，以推行国家公务员制度为重点，全面推行机关、事业、企业人事制度改革，并适应建立现代企业制度的需要，探索国有资产的管理体制。改革后，国务院原有的 18 个专业经济管理部门，撤销 7 个，新组建 5 个。国务院的工作部门由原来的 86 个减少到 59 个，非常设机构由 85 个减为 26 个，精减人员数量达 7400 人。

4．1998 年改革

1998 年的政府改革是在我国经济体制改革进入重要阶段、社会经济发展进入关键时期进行的，也是历次改革中力度较大、机构变化和人员调整较大的一次。这次政府改革的目标是：建立办事高效、运转协调、行为规范的行政管理体制，完善国家公务员制度，建立高素质专业化行政管理干部队伍，逐步建立适应社会主义市场经济体制的有中国特色的行政管理体制。

根据这一目标的要求，这次改革涉及了政府管理的诸多方面：在政府机构和人员数量方面，国务院组成部门由原来的 40 个精简为 29 个，省级政府工作机构由原来的平均 55 个减少为 40 个；在政府同市场、社会以及企业的关系上，政府的重点放在宏观调控、制定产业政策、规范市场、基础建设和提供公共服务上来，并大力发展一批社会中介组织，并将社会可以自我调节与管理的事务逐步交给事业单位或社会中介组织；在中央和地方的关系上，合理划分了中央和地方的管理权限，明确各自的人事权、财权和决策权；在完善国家公务员制度方面，这次改革在把建立高素质的专业化行政管理干部队伍作为机构改革目标的重要组成部分的同时，还精心进行了人员分流工作（全国各级机关干部行政编制共计精简 115 万人），为全面提高政府管理人员的素质奠定了基础。

需要指出的是，这次的政府改革并不仅仅是精简机构，我国政府还根据时代发展需求成立了一些新的部门，如产业损害局、进出口公平贸易局、司法考试司等。这是我国政府与时俱进的体现。此外，在这次改革中，我国政府也加强了行政体系的法治建设，从而为依法行政和巩固改革成果提供了法律保证。

5. 2003 年改革

2003 年的政府机构改革是在我国加入世贸组织的大背景之下进行的，其总体目标是深化行政管理体制改革，进一步转变政府职能；具体目标是“行为规范、运转协调、公正透明、廉洁高效”的行政管理体制。就政府职能而言，此次改革明确提出：政府职能应集中于经济调节、市场监管、社会管理和公共服务等 4 个方面。

根据上述目标和职能转变的要求，此次改革成立了国有资产监督管理委员会，以深化国有资产管理体制改革；将国家发展计划委员会改组为国家发展和改革委员会，目的是进一步完善宏观调控体系，使政府经济职能从计划经济体制下的“全能型”向市场经济体制下的“调控型”转化；设立银监会，以健全金融监管体制；新组建商务部，不再保留国家经济贸易委员会、对外贸易经济合作部，旨在推进物流管理体制改革，在 WTO 框架内促进国内外贸易业务的相互融合；在国家药品监督管理局的基础上组建国家食品药品监督管理局，以加强食品安全管理；将国家经济贸易委员会管理的国家安全生产监督管理局改为国务院直属机构，强化安全生产监管体制建设。

这次改革突破了以往仅在机构数量和人员规模上下功夫的改革思路，而是顺应 WTO 规则要求，进一步转变政府职能，为此后的大部制改革奠定了基础。

6. 2008 年改革

2008 年的政府改革按照精简统一效能的原则和决策权、执行权、监督权既相互制约又相互协调的要求，着力优化组织结构，规范机构设置，完善运行机制，为全面建设小康社会提供组织保障。

此次改革确定的主要任务包括：一是加强和改善宏观调控，促进科学发展；二是着眼于保障和改善民生，进一步加强社会管理，提升公共服务能力；三是按照探索职能有机统一的大部门体制要求，对一些职能相近的部门进行整合，实行综合设置，理顺部门职责关系。经过本次政府改革，国务院部委由原有的 28 个减为 27 个，直属机构由 19 个减为 16 个，正部级机构减少 4 个。

2008 年的政府改革启动了第一轮大部制改革。这次改革是在上次改革基础上，把政府的管理能力和其应有的责任联系起来，强调政府公共行政体系的服务职能，与以往 5 次政府机构改革相比，更具有体制性的进步。

7．2013 年改革

第七次改革是在 2013 年，重点围绕转变职能和理顺职责关系，稳步推进大部门制改革，实行铁路政企分开，整合加强卫生和计划生育、食品药品、新闻出版和广播电影电视、海洋、能源管理机构。

在这次改革中，组建了国家卫生和计划生育委员会、国家食品药品监督管理总局、国家新闻出版广电总局，重新组建了国家海洋局、国家能源局，不再保留国家电力监管委员会等。

经过改革，国务院正部级机构减少 4 个，其中组成部门减少 2 个，副部级机构增减相抵数量不变。改革后，除国务院办公厅外，国务院设置组成部门 25 个。

8．2018 年改革

2018 年 3 月 13 日，国务院机构改革方案提请十三届全国人大一次会议审议。根据该方案，国务院正部级机构减少 8 个，副部级机构减少 7 个，除国务院办公厅外，国务院设置组成部门 26 个。

根据提案，国务院组成部门将做如下调整：组建自然资源部，不再保留国土资源部、国家海洋局、国家测绘地理信息局；组建生态环境部，不再保留环境保护部；组建农业农村部，不再保留农业部；组建文化和旅游部，不再保留文化部、国家旅游局；组建国家卫生健康委员会，不再保留国家卫生和计划生育委员会。不再设立国务院深化医药卫生体制改革领导小组办公室；组建退役军人事务部；组建应急管理部，不再保留国家安全生产监督管理总局；重新组建科学技术部；重新组建司法部；不再保留国务院法制办公室；优化水利部职责、不再保留国务院三峡工程建设委员会及其办公室、国务院南水北调工程建设委员会及其办公室；

优化审计署职责，不再设立国有重点大型企业监事会；监察部并入新组建的国家监察委员会，不再保留监察部、国家预防腐败局。

改革后，除国务院办公厅外，国务院设置组成部门 26 个，目前这一轮政府改革正在逐步开展过程之中。

**（二）改革开放以来中国政府改革的反思**

**1．改革的成就**

改革开放以来，中国的经济发生了巨大的变化，社会也正在发生巨大的变化，在此基础上，政府改革尤其是 1998 年的政府改革，也取得了较大成就：政府职能有了较大转变，机关作风建设不断改善，机构设置相对精干，政府运作更加协调，办事效率有很大提高。具体表现讲，政府改革的成就主要体现在以下几个方面：

（1）整个社会对政府改革的重要性、紧迫性和必要性等方面达成了一定程度的共识，要想推动经济改革和社会发展，就必须进行政府改革。

（2）政府机构和人员膨胀的总体势头得到了程度的遏制，政府自身建设向“小而能”的方向发展。

（3）政府职能转变迈开了实质性步伐，政府管理体制和运行方式创新力度加大，并开始逐渐适应市场经济的需要。

（4）在政府与企业、政府部门之间关系的理顺方面有了较大进展，在政府与社会关系的调整方面也有了良好开端。

（5）国家公务员制度不断得到完善。

（6）行政法律体系建设不断得到加强，依法治国和依法行政的观念已深入人心等。

**2．改革的经验**

无论是理论上的跨越还是实践中的重大突破，对于我国的公共管理来说，无疑都具有积极意义。总结我国政府改革实践的基本经验，主要有以下 5 条：

（1）坚持以适应社会主义市场经济体制为改革的目标，把转变政府职能作为机构改革的关键。

（2）坚持精简、统一、效能的原则，把精兵简政和优化政府组织结构作为机构改革的重要任务。

（3）坚持积极稳妥的方针，既审时度势，把握时机，坚定不移地迈出改革步伐，又充分考虑各方面可承受的程度，审慎地推进改革。

（4）坚持机构改革与干部人事制度改革相结合，制定配套的政策措施，妥善安排分流人员，优化干部队伍结构。

（5）坚持统一领导，分级负责，分步实施，从实际出发，因地制宜地进行改革。

### 3. 改革的误区

如前所述，我国改革开放以来的政府改革的确取得了一些明显的成就。但是有成就并不等于没有问题或不足。仔细分析上述的 8 次政府改革，尤其是对于前 3 次政府改革，不难发现我们在认识上还存在以下几个方面的误区或缺陷[①]：

（1）政府改革的被动适应性远远大于主动的前瞻性。根据行政发展的观点，面对不断变化的政治、经济、社会、文化以及国际环境时，政府应当以前瞻性的创新精神不断进行改革，以行政的发展来推动社会的进步，只有这样，我们才能不断地应对社会挑战，促进社会不断向前发展。然而，纵观我国历次的政府改革，都是不同程度地迫于财政、机构、人员等的压力才进行的。因此，政府改革成了迫不得已而为之的改革，是消极的改革，故而缺乏主动性、自主性和前瞻性。

（2）政府改革视角的偏狭。多少年以来，由于受计划经济和狭义行政的影响，人们一提起政府改革，便将其等同于机构改革，政府改革的视角是在机构、人员的调整上。给人一种印象，似乎政府改革就是撤并机构，精减人员。事实上，政府改革或再造涉及多个面向和维度。从一般意义上而言，政府改革至少会涉及以下几个方面的变革：一是结构性变革，如组织结构的重组，层级的简化，人员的精简；二是工具层的变革，它涉及政府治理方式、方法以及公务员做事的方式；三是价值层面的变革，涉及政府人员的心灵改革。显然，仅仅改变政府之结构，

---

[①] 张成福．公共管理学[M]．北京：人民大学出版社，2001：368．

是无法达到改革目的。

（3）缺乏对政府改革理论上的反思。中国历次的政府改革都已表明，我们在政府改革理论的准备和反思不足。对于政府改革的一系列重大理论问题，如公共行政的性质、政府的职责、政府与市场的关系、政府与企业的关系、政府与社会的关系、中央与地方的关系、政府治理方式以及包括政府改革的目的本身，都缺乏系统的理论分析。理论上的滞后会导致实践缺乏有效的指导，影响着对政府改革的深入思考和政策选择。

（4）政府改革孤立于政治和社会系统。政府不仅是政治系统中的一个核心要素，还是整个社会网络的关键结点。因此，政府改革不能，也不可能游离于政治和社会系络之外。进一步说，立法、行政、司法、社会组织、政党、经济组织同样都是一个社会的共同管理者，任何一个组织都不可能游离于其他组织之外而孤立存在。因此，我们必须用联系的观点去观察和处理行政问题，绝不可孤立地、片面地对待。在政府改革的过程中，不能把其仅仅局限于政府组织之内，而应与政治改革、经济改革、司法改革、立法改革、社会组织改革一起结合起来，这样才能相互呼应和协调。在此意义上，要适应不断变化着的内外环境，需要的政府改革无疑，而不仅局限于政府组织之内。而应该是关联政党与政治、立法、司法、社会组织等多种环境系统的普遍、彻底的大规模的改革。

（5）效率主义典范局限。毋庸置疑，以往政府改革的核心在于追求有效率的行政。这种有效率的行政以提高政府工作效率为核心价值；以行政组织内部机构改革与重组作为改革的重心，而不论及外部政治、经济、社会与文化环境的本质改善；以公共行政为国家意志与政策执行的出发点，希望借由国家组织社会职能和政府执行能力的改善解决问题；持管理主义的观点，从国家主导社会的角度，主张行政问题必须于行政组织内得到解决，并主张为了实现行政目标，应该赋予行政更多的，更集中的权力。客观地讲，提高政府效率是应该的，也是必需的。但是必须指出的是，行政的有效率绝不是政府改革追求的全部价值，因为政府改革还需要公平、社会正义、民主、责任以及广泛的公民参与，而所有这些，也正是在追求政府高效的过程中最容易忽视的。故而我们说，以往政府改革的效率主义典范具有局限性。

## 二、21世纪中国政府改革的战略选择

众所周知，受国内外环境发展变化的深刻影响，当前中国正在经历一次深层的转变，这种转变核心是对基本社会典范的变革。因此，我们的政府必须进行不断的改革和创新，以适应这种变革的需要。在新世纪推进政府改革，不仅需要我们百尺竿头，更进一步，还需要我们用冷静的头脑、战略的眼光以及系统的思维来进行新的治理典范和方式的选择。

### （一）以民为本，确立民主行政典范

民主行政并不反对追求有效率的行政，但同这种效率行政典范的理念和做法相比，它更是一种新的典范。民主行政典范认为，民主国家的基石在于民主原则和民主行政，并使民主哲学能渗入其行政机制之中。在此意义上，政府是经人民的共识建立的，政府是手段，人民是目的，把人民利益放在首位是民主行政的基本出发点。因此，作为公共利益的代表者，政府必须超越特殊利益集团，在有效运用行政资源的同时，也应重视公共服务的公平，实现社会正义。在政府决策方面，要有切实可行的公民参与程序和方式，以使公共决策和公共政策能充分体现民意。民主行政还认为，政府应当扮演成长、创造、转变、整合的角色。同时，还应鼓励多元和创新，而非无差别的一致和顺服等。

### （二）合理定位，塑造公共服务精神

在传统的体制下，政府更多的是扮演生产者、监督者、控制者的角色，而为社会和民众提供公共服务的职能和角色却被淡化。在21世纪的政府改革中，我们既要积极吸收西方政府改革的经验，又要立足于我国的国情，顺应时代发展尤其是市场经济发展需求，合理定位政府角色，积极塑造公共服务精神，努力建构一个服务型政府。

所谓服务型政府是在公民本位、社会本位理念指导下，在整个社会民主秩序的框架下，通过法定程序，按照公民意志组建起来的以为公民服务为宗旨并承担着服务责任的政府。和过去人们经常谈论的政府服务相比，它意味着更深层次的

转变。

在组织目标方面，由政府以社会控制为要务转变为以公共服务为要务；在目标决策方面，由机关和专家决定，转变为由民众希望和合法期待来决定；在评价参数方面，由以成本—效益为基础的效率考量，转变为民众评估的考量；在施政方向方面，由对特定“功能”“权威”“结构”的服从，转变为对“使命”“顾客”“成果”的认同；在施政过程方面，由一味强调按章办事转变为考虑民众的具体情况；在领导方式方面，由独断专横式转变为民众参与式。

**（三）知彼知己，善用市场机制优势**

对于政府和市场优缺点的认识不足以及政府对社会经济的过度干预是导致中国社会资源和财富浪费、效率低下、官僚主义、权力寻租、政治腐败以及政府机构和人员膨胀的根本原因。发达国家的实践经验也表明，市场调节和政府干预都不是万能的，而且过度的政府干预所造成的“恶果”有时比市场失灵还严重。所以，要想促进国家的发展，就必须寻求政府干预和市场调节的最佳结合点，这样有利于扬长避短，达到优势互补。

正确处理政府与市场的关系，充分发挥市场机制在资源配置过程中的作用，应是中国在21世纪的政府改革中所采取的战略选择。市场之所以应该得到政府的信赖，不仅是因为它以消费者为导向，还因为它具有平等性、竞争性、开放性等特性。为此，重新界定政府职能应当是当前中国政府改革中的重中之重。在此，我们必须明确一个基本原则，即政府末位原则。政府末位原则是指在界定政府职能时，在市场有效领域，应当首先发挥市场机制的作用，而在市场失灵领域，则首先考虑非政府公共部门的介入是否比政府更有效。

**（四）内外结合，实现社会共同治理**

随着全球化趋势的不断加强以及我国市场经济体制改革的不断深入，我国政府所面临的挑战愈来愈大。要适应日益多变的公共管理环境，解决更加复杂的公共问题，单靠过去那种建立在政治、经济、社会一体化基础上的无限政府的职能和结构已经难以满足当代中国公共管理发展的需求，它更多的是需要政府与整个社会之间的互动，即需要政府与民众、非政府公共部门乃至私人组织一道来相互合作，共同治理。西方各国的政府改革实践表明，哪个国家的政府与社会各种力量之间互动的能力愈强，其国家治理的能力就愈强；哪个国家的政府与社会各种力量之间的互动的能力愈弱，其国家治理的能力就愈弱。因此，加强政府同社会之间的互动，实现政府、社会以及公民的共同治理，已经成为21世纪中国政府改革必然的战略选择。为此，我们要为社会各种力量尤其是非政府公共部门创造良好的生存和发展环境，并通过拓宽行政参与渠道、民营化、社会责任共同承担等多种方式，整合社会不同力量，形成国家建设的协作网络，以达到国家发展的目的。

**（五）放松管制，激发企业经营活力**

政企不分是中国传统体制下的政企关系的最大特点，它主要是指政府直接干预企业的经营活动，对企业管的过多反而不利于科学投资体制的形成，容易造成责任不清和决策失误，使市场在资源配置中的基础作用难以发挥。政企不分必然导致政府包揽属于企业事务，其结果必然是该管的事情没管好，不该管的事情管不好，大大降低了政府的工作效率。为此，改革政府与企业关系，就应该使政府的公共管理职能和企业的经营管理职能实行最彻底的分离，使企业成为真正的市场主体；使国有企业应逐步从竞争性生产和经济领域退出，通过产权处置的方法，压缩国有企业的规模；通过贸易自由化，放松准入，停止补贴和转移支付等方法使企业更具竞争力；通过投资改革，使国有企业向更商业化的信贷靠近，限制软贷款的获得等方法，使其有压力和活力；通过赋予企业经营者以更大的自由权以及引入新的监督机制（如稽查制度，业绩评议，管理合同等）来改善国有企业的激励和制约机制。

**（六）适度分权，优化公共资源配置**

现代社会发展的非均衡性、多元价值与利益的共存、民主政治的发展、社会变革的加速、信息的非对称等，使中央集权的管理体制面临着越来越多的挑战：较差的感知能力无法适应日益多变的公共管理环境；获取全部信息的能力无法满足现代决策对信息的渴求。因此，在21世纪中国政府的改革中，我们在强调中央权威的同时，还必须赋予地方必要的权力。适度的地方分权，有助于保护个人的权利和自由；有助于政府决策更符合地方实际；有助于地方合理使用和配置当地公共资源；有助于通过不同地方之间的竞争提高改进公共服务的质量；有助于地方积极性和创造性的发挥。

**（七）弹性设计，提高组织适应能力**

传统的政府机构设计缺乏弹性，适应性差；层级多，行政效率低下；机关规模缺乏标准，随意性大；部门关系不协调，内耗性高；权力过分集中，民主参与缺乏；官员对上级负责有余，对人民负责不足；监督机制不力，组织中权力扩张现象严重。因此，在政府组织设计上应更具弹性，以增强组织的适应性。弹性组织的特点主要有：对环境具有开放性，强调将公众视为顾客的公共服务导向；实行政策制定与执行的分离，强调战略的管理；改变组织机构，使组织结构扁平化，减少管理的层次和环节；改变组织内部集权的结构，向下级授予权能，使其承担责任；以制度性的对话，知识和专门技能作为权力的来源；减少不必要的繁文缛节；重视决策的参与和组织的参与；网状形的沟通与联系；强调团队精神而非命令与服从达到整合与控制；建立跨部门和功能的组织。

**（八）完善法治，更新政府治理模式**

要建设社会主义法治国家，实施依法治国，政府必须服从法律规制，并使公民的权利和自由得到保障。为此，政府需要做到以下几点：

**1．崇尚秩序并反对无政府状态**

人类对法律的服从并非自发实现的，人类因崇尚秩序，并因在有秩序的生活中实现自己的价值而对法律敬仰。无政府状态不能给人类带来更大的自由和幸福，相反我们看到更多的是建立在无政府状态下人类的自私、贪婪、相互残杀和对基本的人的权力的践踏。因此，对法治政府秩序的追求，就必然反对无政府状态。

**2．使法律具有普遍性**

法律的普遍性，是一个法治政府所应具有的最基础的形式要素，一个社会没有这种形式要素，就无法成为一个法治国家。

### 3．使法律成为善法，即符合正义的法律

在一个法治政府和社会中，仅仅强调法律的普遍性、稳定性和一致性是不够的，它还必须符合一定的正义标准，包含一定的正义内容。保障公民的基本权利和自由是实质正义的追求，是实质法治区别于形式法治的关键所在。

### 4．政府应使自己的行为受法律的约束和控制

法治政府的理念固然承认并重视民众的守法，但其重点不是“治民”，而是“治官”，其基本的要义在于“治国者先受治于法”。

因此，一个法治的社会经常试图阻碍压制性权力的出现，其依赖的一个重要手段就是通过立法为政府设定规则，通过广泛的分配权力来制约权力，通过政府间的权力分配实现以权力制约权力。

# 第八章　公共服务现代化发展

## 第一节　公共服务与基本公共服务

公共服务是一个历史性、全球性的重要课题，也是发挥政府作用、履行政府职能的核心问题。世界上大多数国家都非常重视公共服务问题，并采取了一系列的措施，从法律、制度、政策、财力投入上予以保证，不断提高公共服务的水平与质量。

### 一、公共服务：多视角的考察

公共服务是一个被广泛应用但定义并不十分严格的概念。关于公共服务的研究，最早可追溯到亚当·斯密、洛克等关于国家职能的论述。进入20世纪后，伴随着福利经济学、发展经济学等经济学理论的发展，无论是理论界还是各国政府都意识到公共服务是市场经济条件下政府的重要职能之一，直接关系到公民基本权利的实现，直接关系到社会的和谐与稳定。

因此，在很多情况下，公共服务主要是指文教科卫、水电气暖供应等以社会公众为对象的服务。公共服务与公共产品既有联系，又有区别，而基本公共服务则是公共服务的组成部分，即公共服务的“子集”。陈昌盛、蔡跃洲认为，公共服务，通常是指建立在一定社会共识基础上，一国全体公民不论其种族、收入和地位差异如何，都应公平、普遍享有的服务。从范围看，公共服务不仅包含通常所说的公共产品（具有非竞争性和非排他性的物品），而且也包括那些市场供应不足的产品和服务。广义的公共服务还包括制度安排、法律、产权保护、宏观经济、社会政策等[①]。总的看来，综合国内外专家关于公共服务的论述，可以将对公共服务的认识概括为以下几类：

---

① 陈昌盛，蔡跃洲．中国政府公共服务：体制变迁与地区综合评估[M]．北京：中国社会科学出版社，2007：3．

**（一）根据政府公共服务的功能分类**

有学者将公共服务分为4类：第一，基础性公共服务，如基础设施、水、电、公路、电信等；第二，经济性公共服务，如计划或规划的制定、规范的监督、宏观调控、资金的动员与分配等；第三，社会性公共服务，包括教育、卫生、科技、文化、人口等；第四，安全性公共服务，如国防、警察、消防等，用以维护整个社会安全与稳定。王小林从法律制度、经济、社会状况3个维度将公共服务分为主权服务（国家管理、司法、警察、国防等）；社会和文化服务（教育、卫生、社会保障、文化活动等）；经济服务（供电、供气、铁路、邮政等）[①]。

**（二）从公共行政或者是公共管理的角度定义公共服务**

所有涉及为公众利益服务的事务统称为公共服务，这些公共服务由各级政府以各种方式进行管理，例如，警察、教育、电力供应等都属于公共服务的范畴。这里强调的是公众利益，而不是产品本身的有形或无形。这种定义实际上从政治学角度强调政府的权力来自于人民，为人民服务自然是政府应尽的职责。经常见诸报端的“公共服务”其实就是从这一角度而言的。

**（三）从产业结构的角度定义公共服务**

从经济学的角度来看，服务是相对于生产而言的。根据新三次产业结构的划分，在三次产业中，第一产业包括农、林、牧、渔业。第二产业包括采矿业，制造业，电力、燃气及水的生产和供应业，建筑业等，这两大产业是物质资料生产部门，生产出来的产品具有实物形态。第三产业属于服务业，即除上述第一、二产业以外的其他各业。服务产业不以实物形式而以提供活动的形式满足人们的某种特殊需要。服务行业可细分为4个层次：第一层次是流通部门。流通部门包括交通运输、仓储和邮政业，信息传输、计算机服务和软件业，批发和零售业，住宿和餐饮业。第二层次是为生产和生活服务的部门。生产和生活服务的部门包括金融业，房地产业，租赁和商务服务业；第三层次是为提高科学文化水平和居民素质服务的部门。提高科学文化水平和居民素质服务的部门如科学研究、技术服务和地质勘查业，水利、

[①] 王小林．结构转型中的农村公共服务与公共财政政策[M]．北京：中国发展出版社，2008：17．

环境和公共设施管理业，居民服务和其他服务业，教育，卫生、社会保障和社会福利业，文化、体育和娱乐业等。第四层次是为社会公共需要服务的部门。社会公共需要服务的部门如国家机关、政党机关和社会团体、国际组织等。根据以上分析，可以看出公共服务的内容，主要包括第三产业中三四两个层次的内容：一是国家机关通过直接提供劳务为社会公共需要服务；二是包括政府通过财政支出向居民提供教育、文化、卫生、社会保障、生态环境等方面的服务。

**（四）从政府文件的角度定义公共服务**

政府职能界定分为 4 大领域：经济调节、市场监管、公共服务与社会管理。公共服务是政府 4 大职能之一，但不是政府唯一的职能，即在政府搞好经济调节与市场监管的同时，政府还应做好社会管理与公共服务，但到底什么是公共服务并没有给予清晰的界定。

公共服务就是提供公共产品和服务，包括加强城乡公共基础设施建设，发展社会就业、社会保障服务和教育、科技、文化、卫生、体育等公共事业，发布公共信息等，为社会公众生活和参与社会经济、政治、文化活动提供保障和创造条件，努力建设服务型政府。

沿着公共产品的视角对公共服务进一步分析可以发现，公共产品和服务是与私人产品和服务相对应的。这里说的公共产品，包括公共服务的内容，两者的区别在于，生产领域的公共产品是有形的，生产与消费在时间与空间上是可以分离的；而服务的特征是无形的，生产与消费在时间与空间上是一体的。这样看来，有些政府产出是有形的，如道路等基础设施，可称之为公共产品；有些政府产出是无形的，如教育、卫生等，可称之为公共服务。事实上，许多文献也将“公共产品”与“公共服务”混用，并不做更深的分析。基本公共服务是公共服务的“子集”，是满足社会公众基本需求的公共服务（如图 8-1 所示）。

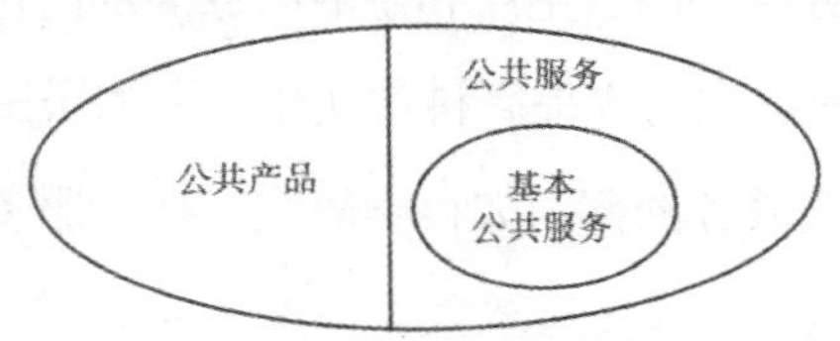


**图 8-1　公共产品、公共服务与基本公共服务**

根据国际惯例，公共服务通常由政府组织、非营利组织和企业共同承担。政府是责无旁贷的公共服务提供主体。政府的责任应当是缩小区域之间、城乡之间的社会发展差距，而不是经济差距，经济差距主要通过市场机制来解决。提供均等化的公共服务是社会稳定和经济发展的必然要求，即使在目前新公共管理运动和公共服务多元提供方式的趋势下，政府仍然是“最终”的供应者，负有不可推卸的责任。

## 二、基本公共服务：概念解读

自 2006 年以来，“基本公共服务”成为最热门的词语之一，理论界也从经济学、法学、公共管理学等角度进行研究，但迄今为止，理论界和政府都没有对基本公共服务给出统一的定义。

有学者认为，所谓基本公共服务是指建立在一定社会共识基础上，根据一国经济社会发展阶段和总体水平，为维持本国经济社会的稳定、基本的社会正义和凝聚力，保护个人最基本的生存权和发展权，为实现人的全面发展所需要的基本社会条件。

也有学者从消费的角度分析基本公共服务：一是从消费需求的层次看，与低层次消费需要有直接关联的即为基本公共服务。层次低的就是基本的，吃饱、生存是最基本的需求，除此之外，安全、穿衣等也是基本需求。基本需求得到保障后，人们追求高档消费就不是基本需求了，这不再是政府的职责；二是从消费需求的同质性看，人们无差异消费需求属于基本公共服务。如对食品和药品的消费，无论是什么生活水平的人都要求保证质量安全，尽可能减少对健康带来的危害。这样的消费需求对所有人来说都是一样的。但是，“基本”不是绝对的，它会因时间、地点的变化而变化。根据政府提供服务的性质和类型，基本公共服务分为 4 大领域的内容：第一，底线生存服务：包括就业服务、社会保障、社会福利和社会救助，主要目标是保障公民的生存权；第二，公众发展服务：包括义务教育、公共卫生和基本医疗、公共文化体育，主要目标是保障公民的发展权；第三，基本环境服务：包括居住服务、公共交通、公共通信、公用设施和环境保护，主要目标是保障公民起码的日常生活和自由；第四，基本安全服务：包括公共安全、消费安全和国防安全等领域，主要目标是保障公民的生命财产安全。国际上也有人把基本公共服务称为核心公共服务（Core Public Service），如教育、保健、社会安全网等等。在联合国的文件中，基本公共服务包括清洁水、卫生设施、教育、医疗卫生和住房。加拿大则把教育、医疗卫生和社会服务作为联邦政府财政均等化的主要项目。

简要说来，基本公共服务包括 3 个基本点，一是保障人类的基本生存权（或生存的基本需要），为实现这个目标，需要政府及社会为每个人都提供基本养老保障、基本生活保障、基本就业保障、基本教育保障等；二是满足基本尊严和基本能力的需要，需要政府及社会为每个人都提供基本的教育和文化服务；三是满足基本健康的需要，需要政府及社会为每个人提供基本的健康保障。随着经济的发展和人民生活的水平的提高，一个社会基本公共服务的范围会逐步扩展，水平也会逐步提高[①]。

基本公共服务是对公共经济学领域中公共产品理论的拓展和延伸。基本公共服务，应该是指覆盖全体公民、满足公民对公共资源最低需求的公共服务，是与民生密切相关的纯公共服务。基本公共服务实际上解决的是在特定阶段应提供何种公共服务的问题。衡量公共服务是否属于基本公共服务可将以下几项指标作为判断依据：可获得性，即无论何时何地，无论是哪个群体都能得到同质的服务；基础性，即这些服务是人类生存和发展的基础，和人类的基本人权密切相关；非歧视性，即所有国民都有资格享受同质的服务；普惠性，即服务的价格要使大多数人能够接受，公民不因所处的地理位置差异、所处的社会阶层不同、所拥有的财富多少而得到不同的服务。根据国际经验和中国现阶段的实际，结合基本公共服务应具备的几项指标，应当把中国目前的基本公共服务界定在基本医疗卫生、义务教育、基本社会保障和就业服务等。而且，义务教育、基本医疗卫生、最低生活保障是基本公共服务中的“基本”，应予以重点研究。

---

[①] 中国（海南）改革发展研究院．基本公共服务与人类发展[M]．北京：中国经济出版社，2008：12．

# 第二节　基本公共服务均等化

在中国历史上，秦国统一中国后，生产力有了很大发展，但同时也进入了矛盾凸显期。短短的15年，秦朝走向灭亡。唐代“贞观之治”和清代“康乾盛世”之后，也是由于没有重视解决社会中的各种矛盾，纷纷走上下坡路，导致人亡政息。进入21世纪的中国，也在面临着“黄金发展”与“矛盾凸显”的两难选择，解决“发展的失衡”的重要途径，就是中央提出的强化公共服务，促进基本公共服务均等化。

## 一、基本公共服务均等化

“均等”一词在《现代汉语词典》里的解释是“平等”的意思。均等化的问题并不是现在才有，其思想最早可追溯至春秋战国时期。孔子曾说：“丘也闻有国有家者，不患寡而患不均，不患贫而患不安。盖均无贫，和无寡，安无倾。”这是均等化思想最早的表述。中国历史上绝大多数的农民揭竿而起、奋而起义的主要原因就是追求均等、平等。进入现代社会后，均等化成为各国普遍追求的目标，是社会文明的体现。中国正处于经济社会转型的关键时期，无论是经济实力还是政府治理水平，都还无法对所有类别的公共服务和各类公共服务的所有项目全面实施均等化，只能从实际出发，因地制宜，制定针对不同地域、民族、社会阶层的区别性公共服务均等化政策。基本公共服务均等化是指政府要为社会公众提供基本的、在不同阶段具有不同标准的、最终大致均等的公共产品和公共服务。基本公共服务均等化就是要使全体公民都能得到可获得性、非歧视性和可接受性的基本公共服务（公共产品），使每个农民可以享受到均等化、普遍化、一体化的基本公共服务，让公共财政的阳光普照所有地区和人口。只有在城乡统筹发展的进程中实现城乡之间基本公共服务的均等化，才能保证中国经济社会持续协调健康发展，进而实现全面建设小康社会的奋斗目标。可以从以下几个角度理解基本公共服务均等化。

**（一）基本公共服务均等化强调的是机会均等**

机会均等是指全体社会成员作为社会契约的签订方，在接受（或拒绝）政府提供的某种服务上具有大致均等的机会。该原则保证所有社会成员在基本公共服务的分配上具有起点公正，无人被排除在外，即保证社会的最大多数成员能够享受到政府提供的基本公共服务。对于一国国民而言，尽管每个人的天赋能力不同，所占有的资源也不尽相同，但在享受基本公共服务的机会方面应该是均等的。

**（二）基本公共服务均等化关注的是结果相对均等**

基本公共服务均等化最终体现为结果相对公正。基本公共服务实际上强调的是一种“底线服务”或“生存服务”，原则上保证“底线完全平等”。一个国家的公民无论居住在哪个地区，都有平等享受国家最低标准的基本公共服务的权利。换言之，每个公民，无论是失业还是就业，无论身体健康还是身有疾患，无论是城市居民还是农民，无论是老人还是儿童，都应该享受最基本的生活保障、最基本的医疗保障和享受义务教育。基本公共服务的供给最低水平应该平均，所有地区和所有个人都应享受到这一水平以上的公共服务。当然，强调基本公共服务并不排除某一特殊群体（如下岗职工、烈军属）等享受更多的基本公共服务。

**（三）基本公共服务均等化是一种动态的、发展型的均等化**

基本公共服务均等化是在中国经济社会大转折、大发展、大变迁的背景下提出的，是发展变化的，而不是一成不变的，要充分考虑到基本公共服务的供给对于社会成员发展能力的培养和对于社会可持续发展的影响。随着经济社会发展水平的提高，更多的公共服务将被纳入“基本”的范畴。这就要求设计出一套符合中国国情变化的基本公共服务体制，保证每个人在享受到符合中国不同发展阶段的、动态的基本公共服务。

**（四）基本公共服务均等化不是简单的平均化**

平均化是对公共资源进行单纯的份额等同的分配，是从实证角度出发的，既不讲公平也不讲效率。均等化并不是强调所有居民都享有完全一致没有任何差异的基本公共服务，而是从基本人权角度出发，关注机会的均等和结果的相对均等。

这种均等，既不是绝对平均也不是差距悬殊，确保全体人民公平分享经济社会发展成果。其实，城乡居民对基本公共服务的需求偏好是存在一定差异的，城市居民偏重于有利于发展的基本公共服务，而农村居民则更关心满足基本生产生活需要的公共服务。从这个角度看，城乡之间的公共服务供给存在差异是正常的，但这种差异要能为广大民众所接受。简言之，这里的“均等化”是在承认地区、城乡、群体差别的前提下，保障所有居民都享有一定标准的基本公共服务。

**（五）基本公共服务均等化不排斥自由选择**

在提供大体均等的基本公共服务的过程中，尊重某些社会成员的自由选择权。当今社会是多元化社会，社会成员的需求千差万别，某些社会成员可能不愿意享受社会为之提供的公共服务，这是完全允许的，也是可以理解的，应该尊重这些社会成员的选择权。必须指出的是，尊重人民的自由选择权，与尊重人民享有基本公共服务均等化的权利并不矛盾。即使在“基本公共服务”的框架内，也应想方设法让人们有自由选择的空间，不能一讲基本公共服务均等化就否定人们的自由选择权。

**（六）基本公共服务均等化是中国国情与国际原则有机融合的均等化**

中国国情强调的是中国提供的基本公共服务不能脱离中国实际，保障人民基本权利的，是解决人民最关心、最迫切的生存和发展问题。国际原则强调的是中国的基本公共服务均等化战略设计必须有世界眼光，应善于吸取他国成功经验，借鉴人类一切有益的成果来补充、完善中国的基本公共服务体系。

## 二、促进基本公共服务均等化的政治经济寓意

人类发展的本质是人的发展，而人的发展在很大程度上取决于一个国家（地区）的基本公共服务供给状况。改革开放以来，中国经济发展取得举世瞩目的成就，但中国面临着经济高速发展与基本公共服务供给不足并存的悖论，经济发展的成果并没有有效反映在基本公共服务领域，反过来也在制约着经济社会的协调发展。中央在现阶段提出实现基本公共服务均等化，不仅符合“以人为本”的科学发展观理念和构建和谐社会主义和谐社会的基本要求，而且有利于改善经济落

后地区的公共服务状况，提升人力资本，增强竞争力，实现国家的长期稳定繁荣。

### （一）实现基本公共服务均等化是矫正中国发展失衡的需要

中国基本公共服务的非均等主要是城乡之间的非均等化、区域之间的非均等化和不同群体之间的非均等化。

#### 1. 区域之间的非均等化

改革开放以后，中国经济发展格局发生重大变化，原有发展格局被打破，东部指向的非均衡梯度区域发展战略取代均衡发展的战略，形成以优先发展的东部外向型经济区域、承东启西的中部过渡型经济区域和以开发资源为主的西部资源型经济区域的 3 大经济地带。客观评价，这种发展战略对于中国综合国力的提升起到了不可低估的作用，但区域间发展的不平衡由此开始显现并逐步加大，区域间发展差距在经过 20 世纪 80 年代的短暂缩小之后一直呈持续扩大趋势。

#### 2. 群体之间的非均等化

由于实行效率优先的发展战略，群体间收入差距仍在不断拉大，呈一种“非正态化”分布。贫富差距过大、群体之间的极度非均等化已经成为中国亟待解决的问题。造成收入差距拉大的原因是多方面的，但是没能更正确地处理好效率与公平的关系问题，尤其是不注重初次分配的公平问题，以及再分配公平不到位问题应该说是其中的重要原因。客观分析，当前不断扩大的收入分配差距，在很大程度上与基本公共服务供给直接相联系。近年来基本公共服务的个人承担费用上涨太快，大大超过中低收入家庭可支配收入的增长速度，这是贫富差距不断扩大的重要原因之一。不同的收入群体对基本公共服务的需求是不同的；收入越低，对基本公共服务需求越高。但基本公共服务短缺，使这部分中低收入群体的实际收入水平受到很大影响。因而，为城镇困难群体提供义务教育、医疗卫生和社会保障等基本公共服务，不仅可以直接缓解并缩小贫富差距，还可以通过提高他们的自身素质，提高其获取收入的能力，进而缩小群体之间的差距。

### （二）基本公共服务均等化是对人类基本权利的保障

基本公共服务均等化强调满足全国人民最低水平的公共服务需求，保障人民基本权利的实现。世界组织对这些必须予以保障的基本权利有明确的规定。1976年，联合国人权公约之一《经济、社会及文化权利国际公约》中规定的人权包括享受社会保障权、受教育权等。《世界人权宣言》指出，人人有权享受为维持本人和家属的健康和福利所需的生活水准，包括食物、衣着、住房、医疗和必要的社会服务；在遭到失业、疾病、残废、守寡、衰老或在其他不能控制的情形下丧失谋生能力时，有权享受保障。《2000 年人类发展报告》提出，体面的生活水平、足够的营养、医疗以及其他社会和经济进步不仅仅是发展的目标，也是与人的自由和尊严紧密相连的人权。这些基本权利，是不可或缺的，政府必须均等化地提供。

**（三）基本公共服务均等化是财政联邦制的主要原则之一**

财政联邦制理论的核心内容是一套阐述政府间职责划分问题的经济理论，核心内容是对财政集权与分权的相对利弊进行经济分析。财政联邦制理论虽然兴起于联邦制国家(主要是美国),但对于单一制国家的政府间财政经济关系同样适用，原因在于单一制国家虽然在政治和行政事务上高度集权，但同样也实行某种形式的财政分权，允许地方政府征集收入并将部分服务职责下放给地方政府。财政联邦制度的运行，必须依赖于一些原则，基本公共服务的最低供应原则就是其中之一，该原则实际上是基本公共服务均等化原则另一个角度的表述。所谓“基本公共服务的最低供应原则”，就是政府应让每个公民确信，无论他生活在哪个州或地区，他都会得到某些基本公共服务的最低水平保证，如健康、安全、福利和教育。这些最低水平的健康、教育等基本公共服务的提供，实质上就是要实现这些基本公共服务的均等化。

**（四）基本公共服务均等化有助于中国经济的持续健康稳定发展**

基本公共服务均等化对经济发展具有明显的拉动作用。从经济学角度看，根据边际效用递减规律，均等化的资金安排有利于提高资金使用效率。向财政资源不足地区转移财力，增加公共服务供给，所产生的效用远大于投向财力充裕地区。因此，为实现基本公共服务的均等发展，应加大对落后地区的投资力度。从促进城乡协调发展的角度看，实现基本公共服务均等化也有重要意义。均等化的基本公共服务将有助于生产要素在利益引导下，按照市场规律在地区间、城乡间流动，有助于统一市场的形成，进而促进地区之间、城乡之间经济社会的协调、持续发展，为中国经济长期稳定发展注入活力。

**（五）基本公共服务均等化是国际社会发展的潮流**

在国外，许多国家都将基本公共服务均等化作为重要的公共政策之一。澳大利亚号称拥有世界上均等化程度最高的转移支付体系，为保证土著居民和城市居民同等享受基本的教育、医疗服务，国家投入了大量的财力物力。德国通过《基本法》《财政转移支付法》等来保障基本公共服务均等化目标的实现，原民主德国与联邦德国统一后，德国没有出现大的社会动荡，继续保持较快的经济社会发展，位列世界最发达的国家之一，均等化的基本公共服务是重要原因之一。北欧国家瑞典、挪威等在经济不发达时就建立了均等化的基本公共服务体系，有力地缓和了国内矛盾，维护社会稳定，促进经济发展，时至今日，仍在世界上拥有很强的竞争力。

因此，顺应世界发展潮流，更新发展观念，转变发展思路，由以往的更多关注经济增长转向关注人的全面科学发展，把更多资源配置到与人的发展密切相关的领域，如义务教育、医疗卫生、社会保障、就业等领域，促进中国从人口大国走向人口强国，走出一条中国特色的大国经济社会发展道路。

## 第三节　城乡公共服务均等化分析

### 一、公共服务均等化的一般理论分析

**（一）公共服务均等化的含义**

公共服务均等化是一个与公平紧密相连的概念，在西方国家，公共服务均等化是现代公共财政的基本目标之一。公共服务均等化的思想来源于詹姆斯·布坎南 1950 年提出的财政均等思想。詹姆斯·布坎南认为：“所谓财政均等是指具有相似状况的个人能够获得相等的财政剩余，要实现居民财政公平，应向财力富裕

地区的居民征收一定数额的税收补助给财力贫困地区居民，这样在居民财政剩余平等实现的同时，地区间的财力公平也得到了一定程度的实现。”“均等”在《现代汉语词典》里的解释就是“平均；相等”的意思。一般而言，公共服务均等化是指政府要为全体公民提供基本的、在不同阶段具有不同标准的、最终大致均等的公共服务，从而确保全体公民在公共服务领域享有同样的权利。从以上概念出发，要正确理解公共服务均等化的内涵必须把握以下两个核心要点。

**1．全体公民享有公共服务的机会应该均等**

基本公共服务均等化是指全体公民都能够公平地获得大致均等的基本公共服务，其核心是机会均等。在我国 14 亿人口中，尽管每个人的天赋和能力不尽相同，所处的社会地位不尽相同，占有的资源也不尽相同，但在享受公共服务方面的机会应该是平等的。政府在提供公共服务时，必须贯彻社会公平正义原则和“一视同仁”原则，确保一个国家全体公民人人享有相对均等的公共服务，而不能对任何公民给予任何歧视。

**2．全体公民享有公共服务的结果应该大体相等**

公共服务均等化不是平均化，不是计划经济体制下的平均主义。公共服务均等化的目标是保证不同社会群体享有的公共服务都能够达到社会平均水平，使不同社会阶层都能普遍受益、均衡受益，其目的在于通过公共服务的再分配功能把社会贫富差距控制在合理范围之内，促进区域之间、城乡之间、经济社会之间协调发展，由此来保证全体人民公平分享改革发展成果，确保全体公民都享有基本的经济和社会权利。

**（二）公共服务均等化的特征**

从以上概念及内涵分析出发，我们可以看出公共服务均等化具有以下特征。

**1．公共服务均等化具有统一性**

公共服务均等化要求一个国家的政府必须为全体公民提供基本的、在不同阶段具有不同标准的、最终大致均等的公共服务，从而确保全体公民在公共服务领域享有同等的权利。因此，具有统一的基本公共服务“国家标准”是实施公共服务均等化的前提，否则便不能衡量城乡之间、不同地域、不同阶层的居民是否享有大致均等的公共服务。

**2．公共服务均等化具有层次性**

尽管公共服务均等化要求制定统一的“国家标准”，但是具体到哪些公共服务应该列入均等化的范围则是相对的，与时代发展要求直接相关，也与一个国家（地区）的经济发展程度、居民消费水平、文化传统、民族习惯等密切相关。一个国家应根据本国的国情和发展阶段特点，确定适当的公共服务均等化范围，并随着经济社会发展程度的提高而逐步加以完善和扩大。

**3．公共服务均等化具有相对性**

由于地理位置、自然条件、物价水平以及民族习惯、生活传统等方面的差异，不同地区政府提供公共服务的成本不同，由此可能会造成在相同的财政支出条件下，公民实际享有的公共服务水平却有所不同。因此，在实施公共服务均等化过程中，不能单纯地把财政支出水平、人均财力等作为衡量指标，必须充分考虑城乡之间、不同地区之间公共服务提供的成本差异。

**4．公共服务均等化具有多元性**

随着经济发展和社会进步，社会成员对公共服务的需求不断扩大且日益多元化。因此，不能把公共服务均等化理解为计划经济时代的配给制，政府在实施公共服务均等化过程中，既要确保全体公民享有大体相等的公共服务，又应尊重公民的自由选择权，充分考虑社会成员对公共服务的多元化需求，让公民具有自由选择的空间。

**（三）公共服务均等化与公民权利保障**

公共服务均等化与公民权利保障问题紧密相连。在西方发达国家，公民享有基本均等化的公共服务被认为是天经地义的、公民与生俱来的权利，公共服务均等化早已成为发达市场经济国家的基本施政纲领。

公民及公民权利的概念最早出现在古希腊和古罗马时期的奴隶制城邦国家之中，由亚里士多德第一个提出，城邦正是若干公民的组合，凡是有权参加议事和审批职能的人，就可以说是城邦的公民。现代意义上的公民及其权利义务的概念则出现较晚，真正明确提出公民权利与公民义务概念并有意识对它加以研究的学者应首推英国著名社会学家 T. H. 马歇尔。根据马歇尔提出的公民权利理论，民事权利、政治权利和社会权利构成了一个国家普通公民权利的 3 个基本类型。其中，民事权利是指与每个公民自由相关的一些基本权利，包括人身自由、言论自由、信仰自由、拥有财产的自由、签约自由以及要求司法程序公正的自由等；政治权利，即公民参与国家和社会政治权力运作的权利，具体说也就是选举权和被选举权；社会权利，即公民应平等享有国家提供的经济保障、教育、基本的生活和文明条件等方面的权利。

通过研究英国公民权利形成和发展的历史进程，马歇尔认为，民事权利、政治权利和社会权利这 3 种类型的公民权利在西方近代历史上的发展次序和速度并不同步，先后经历了 3 个发展阶段：第一阶段为 18 世纪，这一时期西方国家公民权利的主要内容是争取和普及民事权利；第二阶段为 19 世纪，这一时期西方国家公民权利的重点是扩展公民的政治权利；第三阶段是 20 世纪，社会权利则成为这一时期西方国家重视和拓展公民权利的主要内容。虽然马歇尔的分类是根据英国公民权利的发展历史做出的，但是在某种程度上，马歇尔的分类基本勾画出了近代西方国家公民权利发展变化的历史逻辑，即经历了从重视基本民事权利到重视政治权利再到重视公民社会权利的一个路径选择和发展历程。

马歇尔公民权利理论指出的 3 种类型的公民权利普遍被世界各国的宪法或基本法所写入而受到法律保护。在我国，公民享有的基本权利集中体现在《中华人民共和国宪法》的有关条款中，基本的公民权利主要包括经济权利、政治权利、社会权利和文化权利 4 个部分。关于公民的社会权利，《中华人民共和国宪法》规定：养老保障、医疗保障、基础教育、劳动就业、社会救助等，都是公民应该平等享有的基本社会权利。现代西方国家和我国宪法或法律规定的基本公民权利的对比情况（见表 8-1 所示）。

表 8-1　中西方国家宪法或法律规定的公民权利对比

| 西方国家（美国） | | 中国 | |
|---|---|---|---|
| 民事权利 | 自由迁徙权、言论自由权、宗教及信仰自由权、身体控制权、隐私权、财产权、职业选择权、住所选择权、成立组织权利、诉讼权、契约权、专利权、法律面前平等权 | 经济权利 | 财产权、劳动权和职业选择权、成立企业的权利 |
| 政治权利 | 选举权和被选举权、成立和参加政党权利、政治游说权利、居留归化权利、避难权、反对权、知情权 | 政治权利 | 人身自由，言论、出版、集会、结社、游行、示威的自由、通信自由、宗教信仰自由、选举权和被选举权、监督和申诉权、政治庇护权、少数民族自治权、知情权 |
| 社会权利 | 受教育权、养老保障权、医疗服务权、工伤保障权、失业保障权、侵犯补偿权、健康权 | 社会权利 | 受教育权、养老保障权、医疗健康权、工伤保障权、失业保障权、社会救助权 |
| 参与权利 | 就业保障权、集体谈判权、共同决策权 | 文化权利 | 参加文化活动的权利、享受科技进步及其带来利益的权利、专利保护权 |

可以看出，从内容上讲，基本公共服务的内容和世界各国宪法或法律所规定的公民社会权利的范畴是相统一的。另外，这些基本公共服务所涉及的公民受教育权、受社会保障权、劳动与就业权等，也属于被世界各国普遍认可的基本人权的范畴，从而被写入《世界人权宣言》《经济、社会和文化权利国际公约》等国际人权公约。尤其是《经济、社会和文化权利国际公约》，已经成为保护世界各国人们的经济社会文化权利的专门性国际公约，其规定涉及人们的衣、食、住、行等基本生存发展权、受教育权、健康权、劳动权、环境权等方面的内容。因此，在现代社会和民主国家，推进基本公共服务均等化已经成为落实和保障公民基本社会权利的一个重要途径。从这个意义上讲，实现基本公共服务均等化，不仅仅是我国党和政府的一项政策性义务、道义性义务，更是我国政府的一项宪法性义务，也是我国作为《经济、社会和文化权利国际公约》缔约国应积极承担的一项国际法义务。各级政府都应严格履行这一法定义务，切实承担起公共服务职责，积极推进基本公共服务均等化，切实维护和保障我国全体公民的基本社会权利。

## 二、城乡公共服务均等化的内涵界定

城乡公共服务均等化是指以政府为主导，以提高农村公共服务水平为重点，在城乡之间合理配置公共服务资源，向城乡居民提供与其需求相适应的、在数量和质量上最终大致均等的公共服务的过程。推进城乡公共服务均等化是建设社会主义新农村、实现城乡一体化发展的重要途径，体现了我国在推进经济社会全面协调发展、构建社会主义和谐社会进程中政府执政理念的重大变革。正确理解城乡公共服务均等化的概念与内涵应该把握以下几点。

**（一）城乡公共服务均等化的核心是建立城乡一体的公共服务制度安排**

我国城乡公共服务供给严重不均等有着复杂而深刻的经济和制度根源，其中一个重要因素就是政府长期实行城乡有别的公共服务体制以及城市偏向型的相关制度安排。因此，在当前，城乡公共服务均等化首先是指城乡居民享受公共服务的地位平等、权利平等，城乡之间有统一的公共服务体制以及相关配套制度。只有建立城乡一体的公共服务制度安排，保障全体公民在社会资源配置方面的地位和权利平等，才能保证广大农村居民享有同城市居民一样的国民待遇，享有与城市居民结果大致均等的公共服务，从而将城乡公共服务差距控制在合理的范围之内。

**（二）实施城乡公共服务均等化必须着力提高农村公共服务供给水平**

城乡公共服务均等化是国家实施统筹城乡发展和构建社会主义和谐社会战略中的一项重大政策调整，是对原有的城市偏向型的公共服务体制的纠正。长期以来，由于社会地位差异导致享有社会资源的不平等，农村公共服务水平远远低于城市水平，广大农村居民享受不到与城市居民均等的公共服务。在这种背景下，要实现城乡公共服务均等化目标，就只能采用倾斜性和补偿性的制度安排，以扩大农村公共服务供给为重点，使公共资源配置向广大农村倾斜，从而迅速缩小城乡之间的公共服务差距。要统筹城乡、强化基层，加大公共资源向农村、贫困地区和社会弱势群体的倾斜力度，把更多的财力、物力投向农村和基层，把更多的人才、技术引向农村和基层，切实加强农村和基层公共服务机构设施和能力建设，促进资源共建共享，全面提高基本公共服务水平。

**（三）推进城乡公共服务均等化重点是城乡共需型的基本公共服务领域**

推进城乡公共服务均等化要立足我国社会主义初级阶段的基本国情，坚持尽力而为、量力而行，优先保障基本公共教育、劳动就业服务、社会保险、基本医疗卫生、人口和计划生育、基本住房保障、基本社会服务、公共文化体育等民生类公共服务的提供，并随着经济发展和社会进步逐步扩大范围和提高标准。另外，城乡公共服务均等化首先强调的是城乡共需型公共服务的均等化，在此基础上，政府还应大力加强与农业发展、农民生活密切相关的农村特殊性公共服务的供给。

**（四）推进城乡公共服务均等化必须坚持以城乡居民的需求为导向**

目前我国公共服务领域实行“自上而下”的决策机制，各级政府在公共服务供给决策中占据主导地位，城乡居民的参与权、自主权和决策权在很大程度上被忽视，造成了城乡公共服务供需之间的结构性矛盾，这种状况在广大农村地区表现得尤为突出。因此，推进城乡公共服务均等化必须坚持“以人为本”原则，优化公共服务的决策机制，坚持以城乡居民的需求为导向，充分发挥城乡居民在公共服务决策中的作用，尊重他们对公共服务的选择权，满足城乡居民特别是广大农村居民的公共服务需求偏好。

**（五）实现城乡公共服务均等化是政府的职责**

改革开放以来，随着经济体制的转轨，我国政府职能也发生了深刻变化。但是，由于历史原因和体制惯性，政府职能改革依然滞后于经济社会发展的要求，政府的主要职能依然没有根本性地转到以公共服务职能为中心的轨道上。因此，推进城乡公共服务均等化必须以转变政府职能为切入点，着力解决政府公共服务职能弱化问题，这显然是政府自身的责任。在推进公共服务均等化过程中，要牢牢把握基本公共服务的公益性质，明确政府的主体责任，坚持政府主导，坚持公益为先，完善公共财政体系，科学划分各级政府基本公共服务事权与支出责任，健全地方政府为主、统一与分级相结合的公共服务管理体制，加快城乡基本公共服务制度一体化建设，实现基本公共服务制度覆盖全民。

## 三、实现城乡公共服务均等化的优先性

**（一）城乡均等化——推进我国公共服务均等化的切入点**

进入21世纪以来，我国逐步由生存型社会向发展型社会过渡。在这一进程中，广大社会成员的公共需求全面、快速增长同公共服务供给总体不足以及分配不均

等的矛盾日益突出，国家实施公共服务均等化战略就是对政府公共政策的一种纠正和修正，目的就在于解决矛盾和问题。

按照国内学术界的观点，成熟的公共服务均等化表现为不同区域之间、城乡之间、居民个人之间的公共服务分布均等。在发展的不同阶段，公共服务均等化的目标也呈现阶段性。第一阶段的目标为实现区域公共服务均等化，主要表现为区域之间的公共服务均等；第二阶段的目标为实现城乡公共服务均等化，主要表现为区域之间和城乡之间的公共服务均等；第三阶段的目标为实现全民公共服务均等化，主要表现为区域之间、城乡之间、居民个人之间的公共服务分布均等。

在我国公共服务供给不均等问题中，城乡公共服务不均等处于矛盾的焦点，是矛盾的主要方面。因此，从这两个意义上讲，城乡公共服务均等化是我国推进公共服务均等化战略的切入点，是现阶段实施这一战略的首要目标，率先解决城乡公共服务均等化问题并有所突破，对于从总体上推进我国公共服务均等化进程具有十分重要的现实意义。

### （二）城乡公共服务均等化对我国农村经济社会发展的促进效应

#### 1．提高社会成员享受公共服务的整体效用水平

推进城乡公共服务均等化可以提高社会成员享受公共服务的整体效用水平。目前，农村居民享受的公共服务水平落后于城市，实现城乡公共服务均等化必然要将公共财政资源分配向农村居民倾斜，在边际效用递减规律的作用下，等量的财政资源投向农村公共服务所产生的效用要超过投向城市公共服务所产生的效用，进而会从整体上提高社会成员享受公共服务的效用水平。

#### 2．促进经济增长

推进城乡公共服务均等化可以促进经济增长。一方面，公共服务部门是经济增长的内在要素，公共服务产业迅猛增长，形成了稳定、持续、庞大的消费需求和消费市场，从而刺激社会的整体消费水平。另一方面，内生经济增长理论指出技术进步和人力资本是经济长期增长的决定性因素，推进城乡公共服务均等化必然要加大对农村基础教育、医疗卫生、社会保障、就业培训、农业科技等方面的

投入，农村社会事业的快速发展将极大地提高我国人力资本的存量和质量，进而起到通过增加人力资本投资促进经济有效增长的效应。

**3．优化社会的再分配**

推进城乡公共服务均等化可以优化社会的再分配。社会再分配是指立足于社会整体利益，对于初次分配之后的社会利益格局进行必要的调整，从而使社会成员共享社会发展的成果。政府提供的教育、医疗卫生、社会保障等公共服务，使一部分国民收入向这些非生产性劳务部门转移，实现了国民收入的再分配。同时，教育、医疗卫生、社会保障等公共服务向农村倾斜，会相应地减少农村居民在这些公共服务项目上的支出，从而增加其实际收入，也起到了国民收入再分配的效应。

**4．提高财政支出效率**

推进城乡公共服务均等化可以在一定程度上提高财政支出效率。政府是提供公共服务的主体，其资金主要来自财政支出。在城乡公共服务非均等的情况下，用于城市公共服务的财政支出水平远远超过农村，投入城市的财政资金在满足城市居民对基本公共服务的需求之后，边际效用递减规律的存在会导致后续财政投入的低效率。因此，通过政府财政支出在城乡间的合理配置，将有限的财政支出向农村公共服务领域倾斜，实现城乡公共服务均等化，可以提高政府财政支出的效率。

**5．促进社会主义和谐社会建设**

推进城乡公共服务均等化能够促进社会主义和谐社会建设。城乡公共服务均等化保障了每一个公民的基本权利，提高了农民的生活质量，缩小了城乡之间的收入差距，使社会的整体福利得到提升，创造了公平、公正的社会发展环境，提高了整个社会的满意度，这些对于维护社会稳定、保障国家长治久安、促进社会主义和谐社会建设具有重要的作用。

## 四、实现城乡公共服务均等化的路径选择

### （一）确定我国城乡公共服务均等化实施范围的原则

推进城乡公共服务均等化，必须充分结合我国经济发展的阶段性特点和现实

国情。确定城乡公共服务均等化的范围，从总体上说要把握两个基本原则。

一是横向范围要适中，即城乡公共服务均等化的范围不能过宽或过窄。广义上的公共服务涵盖了政府所有的职能和事务，不仅包括提供公共产品和公用事业的方方面面，而且涵盖经济调节、市场监管、社会管理等方面的内容；狭义上的公共服务仅指教育、劳动就业、医疗卫生、社会保障、住房保障等社会性公共服务。从我国的现实国情和经济发展水平看，现阶段应重点实现社会性公共服务的城乡均等化供给。

二是纵向标准要适度，即城乡公共服务均等化的标准不能过高或过低。实现这一目标必然要经历一个长期的动态过程。我们应根据国情、社情、民情确定适当的标准，问题的关键在于要实现制度安排的城乡一体和公平正义。

**（二）实现城乡公共服务均等化的一般路径**

按照马斯洛的需求层次论，城乡公共服务的均等化应是梯次结构的，在政府财力相对有限的情况下，必然存在着均等化的顺序排列问题，否则就会造成公共服务需求与供给不相适应的局面，容易形成某一层面公共服务提供过度而另一层面公共服务提供不足的状况。因此，推进城乡公共服务均等化需要分层次、分阶段实施，不同的阶段要有不同的均等化目标和标准。

第一，实现城乡公共服务均等化应先实现底线性公共服务的城乡均衡供给。所谓底线性公共服务，即与一定的社会经济发展水平相适应，保障居民个人生存和发展权利所必不可少的最基本的公共服务，如公共安全、就业服务、基础教育、基本医疗保障、养老保障、弱势群体生活保障、社会救助救济等公共服务项目。底线性公共服务是维护人的尊严和促进社会稳定的基础性公共产品，一个人如果缺少了这部分公共服务，就保证不了其在既定社会中维持生存和发展的基本条件，因此，需要由社会和政府来提供这种保障。实现城乡公共服务均等化的最起码要求，是所有国民在这条底线性公共服务面前所享有的权利应当是均等的、无差别的，而享有的结果是大致均等的。在底线性公共服务领域，当前的重点是加快推进劳动就业、养老保险、基本医疗保险、最低生活保障、义务教育、基本住房等方面的城乡均等化，从而为广大农村居民的生存和发展创造基本的条件保障。

第二，在保障底线性公共服务的城乡均衡供给的基础上，逐步推进其他基本公共服务的均等化。我国基本公共服务范围一般包括保障基本民生需求的教育、就业、社会保障、医疗、卫生、住房保障等领域的公共服务，广义上还包括与人民生活环境紧密关联的交通、通信、水电设施、环境保护、文化体育、计划生育等领域的公共服务，以及保障安全需要的公共安全、消费安全和国防安全等领域的公共服务。当前，在重点推进底线性基本公共服务城乡均等化的基础上，应重点加强农村道路、供电、通信、给水排水工程、公共卫生等方面的建设，为农业生产和农民生活创造基本条件。大江大河治理、小型水利灌溉工程、沙漠治理、退耕还林、水资源保护、病虫害防治、农业技术培训、科技成果推广、农业信息服务等，属于农村特殊性的基本公共服务，国家应该加大对这些方面的财政投入力度，为发展农业生产，促进农民增收，改善农民生活奠定良好的基础。另外，近年来我国各类生产安全和消费安全事件层出不穷，公共安全问题日益严重，这说明目前政府的公共安全服务还不到位。作为政府，有责任为全体公民提供安全的社会环境，对于这些公共服务都应该纳入城乡公共服务均等化的范围。

第三，在上述基础上，增加城乡非基本公共服务的供给。在确保基本公共服务充分有效供给、实现城乡均等化供给的前提下，随着社会经济的发展和国家实力的增强，逐步扩大公共服务供给的范围，提高城乡公共服务供给的水平和质量。政府可以通过直接投资、资本金投入、财政补助、贷款贴息等方式，与私人组织、社会志愿组织等投资主体合作，来积极提供某些发展型或享受型公共服务，从而提高整体国民的福利水平。例如，在公共文化城乡均等化方面，要把文化事业和文化产业区分开来，文化事业具有公益性的特点，像公共图书馆、文化设施等，属于文化事业服务，政府应加大对农村地区的投入，着力实现城乡之间的均等化配置；文化产业则具有竞争性，可主要依靠私人组织、社会志愿组织等投资主体通过市场机制来实现在城乡之间的配置和调节。

# 参考文献

[1] 赵建国等．公共经济学[M]．北京：清华大学出版社，2014．

[2] 赵秋成．公共部门人力资源管理[M]．北京：清华大学出版社，2014．

[3] 张创新．公共管理学概论[M]．北京：清华大学出版社，2010．

[4] 吴爱明．公共管理学[M]．武汉：武汉大学出版社，2012．

[5] 汪大海．公共管理学[M]．北京：北京师范大学出版社，2010．

[6] 蒋永甫等．区域公共管理导论[M]．南宁：广西人民出版社，2014．

[7] 黄德林等．公共管理学教程[M]．北京：科学出版社，2014．

[8] 陈振明等．政府改革与治理——基于地方实践的思考[M]．北京：中国人民大学出版社，2013．

[9] 崔运武．公共事业管理[M]．上海：复旦大学出版社，2013．

[10] 陈树文．公共管理学[M]．大连：大连理工大学出版社，2004．

[11] [美] 格罗弗·斯塔林．公共部门管理[M]．9 版．北京：中国人民大学出版社，2014．

[12] 陈振明．公共管理学原理[M]．北京：中国人民大学出版社，2003．

[13] 冯益谦．公共伦理学[M]．广州：华南理工大学出版社，2004．

[14] 冯云廷．城市管理学[M]．北京：清华大学出版社，2014．

[15] 高航，杨松．新世纪的公共管理[M]．北京：中国商业出版社，2001．

[16] 陈振明．公共管理学[M]．北京：中国人民大学出版社，2005．

[17] 顾建光．现代公共管理学[M]．上海：上海人民出版社，2007．

[18] 何颖，袁洪英．行政伦理与社会公正[M]．吉林：吉林人民出版社，2009．

[19] 侯志山等．行政监督与制约研究[M]．北京：北京大学出版社，2013．

[20] 黄德林，田家华．公共管理若干前沿问题研究[M]．武汉：中国地质大学出版社，2006．

[21] 黄健荣．公共管理学[M]．北京：社会科学文献出版社，2008．

[22] 李军鹏．公共管理学[M]．北京：首都经济贸易大学出版社，2005．

[23] 孟华．政府绩效评估——美国的经验与中国的实践[M]．上海：上海人民出版社，2006．

[24] 彭正龙．公共部门人力资源管理[M]．上海：同济大学出版社，2007．
[25] 秦铁辉．企业信息资源管理[M]．北京：北京大学出版社，2006．
[26] 苏保忠，张正河．公共管理学[M]．北京：北京大学出版社，2004．
[27] 孙柏瑛．公共部门人力资源开发与管理[M]．北京：中国人民大学出版社，2006．
[28] 孙建军．信息资源管理概论[M]．南京：东南大学出版社，2003．
[29] 滕玉成，俞宪忠．公共部门人力资源管理[M]．北京：中国人民大学出版社，2004．
[30] 王德高．公共管理学[M]．武汉：武汉大学出版社，2005．
[31] 王乐夫，蔡立辉．公共管理学[M]．北京：中国人民大学出版社，2008．
[32] 吴琼恩等．公共人力资源管理——两岸公共行政丛书[M]．北京：北京大学出版社，2006．
[33] 夏书章．行政成本概论[M]．广州：中山大学出版社，2009．
[34] 肖平等．公共管理伦理导论：理论与实践[M]．成都：西南交通大学出版社，2007．
[35] 谢明．公共政策导论[M]．北京：中国人民大学出版社，2004．
[36] 徐双敏．公共管理学[M]．武汉：武汉大学出版社，2007．
[37] 严新明．公共管理学[M]．北京：科学出版社，2007．
[38] 叶常林．公共管理学概论[M]．北京：北京大学出版社，2005．
[39] 张爱卿．人才测评[M]．北京：中国人民大学出版社，2005．
[40] 张广钦．信息管理教程[M]．北京：北京大学出版社，2005．
[41] 张康之，齐明山．一般管理学原理[M]．北京：中国人民大学出版社，2004．
[42] 张小明．公共部门危机管理[M]．北京：中国人民大学出版社，2006．
[43] 张永华．教育系统突发公共事件应急管理[M]．广州：广东高等教育出版社，2007．
[44] 赵定涛．公共管理学[M]．合肥：中国科学技术大学出版社，2006．
[45] 庄序莹．公共管理学[M]．上海：复旦大学出版社，2006．
[46] 苏保忠．领导科学与艺术[M]．北京：清华大学出版社，2004．
[47] 王乐夫．公共管理学：原理、体系与实践[M]．北京：中国人民大学出版社，2007．